들뢰즈 사상의
9가지 테마

들뢰즈 사상의 9가지 테마

펴 낸 날   2025년 03월 20일
2쇄 펴낸날   2025년 04월 14일

지 은 이   김상범
펴 낸 이   이기성
기획편집   서해주, 이지희, 김정훈
표지디자인   서해주
책임마케팅   강보현, 이수영
펴 낸 곳   도서출판 생각나눔
출판등록   제 2018-000288호
주   소   경기도 고양시 덕양구 청초로 66, 덕은리버워크 B동 1708호, 1709호
전   화   02-325-5100
팩   스   02-325-5101
홈페이지   www.생각나눔.kr
이 메 일   bookmain@think-book.com

· 책값은 표지 뒷면에 표기되어 있습니다.
  ISBN   979-11-7048-863-7 (03160)

들뢰즈 사상의 9가지 테마

김상범

이 한 권으로
들뢰즈 사상 총정리!

생각나눔

❧ 저자 서문 ❧

        2025년은 들뢰즈 탄생 100주년이자 사후 30주
년이 된다. 지금은 소수의 연구자에게만 읽히고 있지만, 들뢰즈는
1990~2000년대에 한국의 지식인들에게 뜨겁게 유행했고 많은 이들
에게 '포스트모던'의 선구적 사상가로 받아들여졌다. 그런데 리오타
르가 『포스트모던적 조건』에서 보여주듯이 포스트모던이란 산업사회
에서 정보사회로의 이행을 불가역적인 것으로 받아들이는 태도이자
이러한 정보사회에 대한 철학적 성찰을 의미한다. 이른바 '거대 서사
의 종말'도 이러한 정보사회론의 귀결이다. 이런 의미에서 한국 내에
서 포스트모던을 '탈(脫) 서구 형이상학의 첨단', '철학에의 시적 사유
의 도입'이라고 부르는 것은 정확하지 못한 판단이다. 오히려 들뢰즈
는 강한 의미에서 형이상학자이자 체계적으로 사유하는 고전적인 의
미의 '철학자'이다.

  이런 의미에서는 나는 독자들에게 9편의 논문을 제시한다. 이러한
논문들은 형이상학, 사유론, 시간론, 윤리학, 정치철학, 문학에 이르
기까지 다양한 주제를 망라하고 있지만, 리오타르가 말한 의미가 아
닌 한국에서 왜곡된 의미의 '포스트모던적' 사유로부터 들뢰즈를 건
져내기 위해서 썼다. 그리고 이 책에는 나의 독창적인 기여가 있는데,
그것은 들뢰즈의 형이상학을 '주사위 놀이'라는 개념을 통해 파악한
것이다.

Nine themes of Deleuze's thought

theme 1

I

존재의 일의성과
주사위 놀이

1. 서론

본 논문은 '존재의 일의성'을 해명하는 데에 있어서 '주사위 놀이' 또는 '이념적인 놀이'의 개념이 필수적임을 밝힌다. 들뢰즈가 니체에 대한 독해를 통해 확립한 존재의 일의성은 '차이'의 반복, '생성'의 존재를 의미하며 또한 우연 속의 필연을 의미한다. 그리고 반복되는 필연적인 일의적인 존재가 차이, 생성, 우연을 통해서 표현되는 방식이 바로 '주사위 놀이' 혹은 '이념적인 놀이'이다. 이런 의미에서 들뢰즈는 『차이와 반복』에서 "존재론, 그것은 주사위 놀이"[1] 라고 말하고 있다.

이 논문에서 우선 스피노자에게 있어서 존재의 일의성을 설명하고 스피노자의 혁신이 이야기되지만, 이러한 스피노자에게 있어서 일의성 개념의 한계를 지적한다. 그 후 니체의 '영원회귀'의 개념을 통해 완성되는 존재의 일의성에 대해 설명한다. 그리고 이러한 영원회귀의 세계가 곧 권력의지의 세계임을 밝힌다.

그리고 들뢰즈가 '일의성의 분배'라고 부르는 유목적인 분배와 주

---

1) 질 들뢰즈, 『차이와 반복』, 김상환 옮김, 서울: 민음사, 2011, 431쪽

사위 놀이의 깊은 관련성에 대해 탐구하고, 또한 일의적 존재가 모든 사건의 계열을 돌아다니며 사건들을 소통시키는 우발점으로써 대문자 사건에 의해 확보됨을 밝힌다.

2. 스피노자와 존재의 일의성

들뢰즈는 『스피노자와 표현 문제』 앞부분에서 실체 중심도, 양태 중심도 아닌 속성 중심의 존재론을 전개한다. 들뢰즈는 속성들이 형상적으로(formaliter) 실체의 본질을 구성하는 동시에 양태의 본질을 포함한다고 말한다. 물론 실체의 본질과 양태의 본질은 구별되며, 속성은 양태 없이도 생각될 수 있기에 속성은 양태의 본질이 될 수 없다. 왜냐하면, 스피노자에 의하면 본질은 사물이 그것 없이는 생각될 수도, 존재할 수도 없는 것이자 이러한 사물 없이는 생각될 수도, 존재할 수도 없는 것이기 때문이다. 어찌 되었든 실체와 양태를 가로질러 동일한 존재 형상으로서 속성이 긍정된다. 이런 의미에서 공통적인 존재 언명으로서 '속성' 때문에 "존재는 항상 한 가지 의미에서 언명된다"는 '존재의 일의성'이 성립된다. 이러한 존재의 일의성은 둔스 스코투스의 일의성 개념과 구별되는데, 왜냐하면 둔스 스코투스의 일의성 개념은 대립되는 개념들을 가로질러 중성적(neuter)인 반면에 스피노자의 '존재의 일의성'은 '속성'이 긍정적

(affirmative)이기 때문에 역시 긍정적이기 때문이다. 이런 의미에서,

"속성들은 긍정들이다. …

스피노자의 철학은 순수 긍정의 철학이다."[2]

이렇게 스피노자에게 존재의 일의성은 긍정적인 명제가 된다. 그리고 이러한 존재의 일의성은 내재성의 관념을 '해방시킨다'. 왜냐하면, 내재인이라는 개념은 결과가 원인에 '내재'한다는 것을 의미하고, 이에 대비되는 플로티누스의 '유출'은 결과가 원인 바깥으로 나감을 의미하는데, '유출'에 있어서 결과가 원인의 바깥에 있음은 원인의 결과에 대한 초월적인 탁월성을 보여주기에 존재는 다의적인 반면, 존재의 일의성, 즉 존재의 동등성은 일거에 이러한 '유출인'의 관념을 불가능하게 만들기 때문이다. 이런 의미에 있어 "신은 자기 원인이라고 일컬어지는 것과 동일한 의미로 모든 사물의 원인이라고 일컬어진다"[3]는 사실은 내재성과 존재의 일의성의 밀접한 관계를 보여준다.

이렇게 결과로서 양태가 원인으로서의 실체 바깥에 있지 않음에도 불구하고 스피노자의 체계 속에서 실체는 양태에 독립적인 것처럼 보인다.

---

2) 질 들뢰즈, 『스피노자와 표현 문제』, 현영종·권순모 옮김, 서울: 그린비, 2019, 63쪽
3) 『스피노자와 표현 문제』, 73쪽

3. 권력의지와 영원회귀

들뢰즈는 니체의 '영원회귀' 개념이 이러한 난점을 해결해 준다고 말한다. 들뢰즈는 이미 『니체와 철학』에서 이러한 '영원회귀' 개념의 윤곽을 제시한 적이 있다. 들뢰즈에 의하면 니체의 영원회귀는 생성을 긍정하지만 동시에 이러한 생성의 '존재' 또한 긍정한다. 이러한 '생성의 존재'는 생성과 분리될 수 없고, "생성되고 있는 것으로부터 구분할 수 없"[4]다. 이런 의미에서 영원회귀는 늘 새로운 차이, 생성, 사건이 등장한다는 것을 의미하며, 동시에 영원회귀는 "생성의 법칙, 정의, 그리고 존재"[5]를 의미한다. 생성의 '정의'라는 말은 생성, 즉 우리의 삶 자체가 긍정할만한 것이고 '결백'하다는 것을 의미하며, 더 나아가 다수적 생성 속에서 표현되는 생성의 존재가 긍정할 만한 것임을 의미한다. 들뢰즈는 다음과 같이 쓴다.

"헤라클레이토스는 비극적 사색가이다. 정의의 문제가 그의 저서를 가로지른다. 그에게서, 삶은 근본적으로 결백하고 정의롭다. … 다수는 분리될 수 없는 표현이고, 본질적인 변신이며, 유일한 것의 항상적 징후이다. 다수는 하나의 긍정이고 다수의 긍정 그 자체는 하나이며, 다수적 긍정은 하나가 긍정되는 방식이다. '하나는 다수이다.' 그리고 만약 정당하게 하나가 다수 속에서 긍정되지 않는다

---

4) 질 들뢰즈, 『니체와 철학』, 이경신 옮김, 서울: 민음사, 2008, 59쪽
5) 『니체와 철학』, 59쪽

I. 존재의 일의성과 주사위 놀이 | 15

면 사실상 시간의 영원성 이후에 어떻게 다수가 하나로부터 나올 것이며, 계속해서 나올 수 있을 것인가? … 헤라클레이토스는 깊이 들여다보았다. 즉 그는 다수의 어떤 처벌도, 생성의 어떠한 속죄도, 현존의 어떤 죄의식도 이해하지 못했다."[6]

들뢰즈는 니체에게 있어서 이러한 다수와 하나, 생성과 존재의 관계, 즉 "하나가 다수 속에서 긍정"되는 관계가 바로 '놀이'라고 말한다. 영원회귀와 '놀이' 그것도 '주사위 놀이'와의 관계에 대해서는 잠시 후에 논하기로 하자.

들뢰즈는 이렇게 다수 속에서 반복되는 하나로서 니체적 의미에서의 영원회귀가 '존재의 일의성'에 스피노자의 철학보다 더 잘 부합한다고 말한다. 들뢰즈는 더 나아가 "영원회귀는 일의적인 존재 이외의 다른 본질을 갖지 않는다. 말하자면 영원회귀는 곧 존재의 일의성인 것이다."[7]라고 말하고 있다.

니체의 영원회귀의 세계는 권력의지의 세계이다. 들뢰즈는 권력의지의 세계가 창조, 그중에서도 특히 변신의 세계임을 강조한다. 들뢰즈는 『니체와 철학』에서 다음과 같이 쓴다. "의욕=창조…"[8]. 권력의지는 무엇을, 어떻게 창조하는가? 상식과는 다르게 본래적 의미의 권력은 권력의지 바깥에 존재하지 않으며, 권력의지 안에 존재한다. 권력의지 안에 존재하는 권력은 조형적인 능력으로서 "힘과 힘의 관계를

---

6) 『니체와 철학』, 58쪽~59쪽
7) 질 들뢰즈, 『들뢰즈가 만든 철학사』, 박정태 옮김, 서울: 이학사, 2019, 51쪽
8) 『니체와 철학』, 157쪽

결정"[9]하며 이와 같은 힘 관계 속에서 힘들에게 성질을 부여함과 동시에 자신에게 성질을 부여한다. 이와 같이 권력의지 안의 권력이 힘 관계를 생산하고 힘들의 성질과 권력 자신의 성질을 생산한다는 점에서 권력의지는 본질적으로 창조적이며, 심지어 이러한 권력의지는 '증여'하는 자라고 들뢰즈는 말한다. 들뢰즈는 다음과 같이 쓰고 있다.

> "권력의지는 본질적으로 창조적이고 주는 자이다. 그것은 열망하지도, 추구하지도, 욕구하지도 않으며, 특히 권력을 욕구하지 않는다. 그것은 준다. 권력은 의지 속에서 형언할 수 없는(움직이고 변화하며 조형적인) 어떤 것이며, 권력은 의지 속에서 '주는 미덕'과 같다. 의지 자체는 권력에 의해 의미와 가치를 제공하는 자이다."[10]

실제로 니체는 『차라투스트라는 이렇게 말했다』에서 '증여의 미덕'에 대해서 말하고 있다. 기독교적 도덕이 붕괴한 세상에서 최상의 덕은 증여의 덕이다. "베푸는 덕이야말로 최고의 덕이다."[11] 니체가 태양을 '위대한 별'이라고 부르는 것도 태양이 만물에 빛과 에너지를 증여하기 때문이며, 차라투스트라는 처음부터 인간에게 무엇인가를 베풀고 나누어주려고 산에서 내려가고 '몰락'하기 시작한다. 니체는 다음과 같이 쓴다.

---

9) 『니체와 철학』, 158쪽
10) 『니체와 철학』, 159쪽
11) 프리드리히 니체, 『차라투스트라는 이렇게 말했다』, 장희창 옮김, 서울: 민음사, 2017, 130쪽

"그대 위대한 별이여! 그대가 빛을 비추어준다 하더라도 그것을 받아들일 존재가 없다면, 그대의 행복은 무엇이겠는가! … 나는 베풀어주고 나누어주려 한다. … 그러기 위해 나는 저 심연으로 내려가야 한다. 저녁마다 바다 저편으로 떨어져 하계를 비추어주는 그대처럼, 그대 넘쳐흐르는 별이여! 나는 그대와 마찬가지로 몰락해야 한다. 내가 저 아래로 내려가 만날 사람들이 말하듯이. … 이렇게 하여 차라투스트라의 몰락은 시작되었다."[12]

그리고 니체가 말하는 "위대한 정오"는 바로 이러한 '태양'이 가장 높은 지위를 차지한 시간, 즉 '증여의 미덕'이 가장 높은 위치를 차지한 시간이다. 니체에 의하면 이러한 '증여' 중 최상의 증여는 새로운 가치를 부여하는 가치평가이다. 니체는 몸=권력의지에 의한 새로운 가치의 창조가 정신을 황홀하게 만든다고 말한다. "그대들의 몸은 자신의 환희로써 정신을 황홀하게 하며 정신으로 하여금 창조자, 평가하는 자, 사랑하는 자, 만물에 은혜를 베푸는 자가 되게 한다."[13] (강조는 인용자)

왜냐하면, 새로운 가치의 창조는 '주인'의 긍정적인 권력의지의 증여를 의미하는 것이며, 이러한 '주인'의 증여는 주인의 정신에 기쁨을 주기 때문이다. 이런 의미에서 들뢰즈는 "의지=기쁨"[14]이라고 말한다. 이런 의미에서 본래적 권력의지는 새로운 가치를 창조하는 것이다.

---

12) 『차라투스트라는 이렇게 말했다』, 12쪽
13) 『차라투스트라는 이렇게 말했다』, 132쪽
14) 『니체와 철학』, 157쪽

그리고 이러한 창조는 자기 자신을 변화시키는 것을 포함한다.

> "사람들이 스스로 변화할 수 있는 에너지를 〈고귀하다〉고 부르는
> 에너지학에서처럼 니체에게서는 그것[변신의 힘]이 그렇다. 변화의
> 권력, 디오니소스적 권력은 활동성의 최초의 정의이다."[15]

　이와 같은 의미에서 권력의지의 세계는 "선행하는 동일성이 폐기되고 와해"[16]되는 세계이며, 이러한 권력의지의 세계 속에서 영원회귀는 '생성'으로서의 '변신'과 '변형'을 통해 표현되는, "모든 변신들에 대해 공통의 존재"[17]이다. 이러한 영원회귀 속에서 되돌아오는 것은 끊임없이 변신하면서도 일관성을 유지하는 극단적인 형상이다. 즉 "다른 것으로 이행하면서 동일한 것으로 생성하는 것뿐"이다.[18] 이러한 극단적 형상들은 영원회귀의 공통적인 존재 속에서 소통한다. 그리고 이렇게 극단적인 형상들만이 되돌아오기 때문에 영원회귀는 일종의 선별적 시험이 된다.

---

15) 『니체와 철학』, 91쪽
16) 『차이와 반복』, 112쪽
17) 『차이와 반복』, 113쪽
18) 『차이와 반복』, 113쪽

4. 유목적인 분배와 '신적인 놀이'로서 주사위 놀이

들뢰즈의 유목민은 단순히 이동하는 사람이 아니며 정주민은 단순히 정주하는 사람이 아니다. 오히려 유목민과 정주민은 공간을 차지하는 방식에서 구분된다. 정주민들을 지배하는 국가 장치는 닫힌 공간을 분할하여 구성원들에게 '분배'한 다음 이 부분적 공간들 사이의 교통을 규제하는 반면 유목민들은 인간들과 짐승들을 열린 공간 속으로, '무규정적이며 교통하지 않는 공간 속으로' 분배한다. 들뢰즈는 이러한 유목적인 분배의 양태를 노모스(nomos)라고 부르며 정주민의 공간 분배를 폴리스(polis) 또는 로고스(logos)라고 부른다. 들뢰즈에 의하면 노모스는 "경계선도, 테두리도 없는 공간에서 부분들로 분할하지 않고 이루어지는 아주 특수한 분배"[19]이다. 이러한 노모스의 분배는 공간을 벽, 울타리, 담 등에 의해 분할한 다음 도로에 의해 연결함으로써 홈이 패인 공간을 만드는 정주민의 분배와는 달리 유목민으로 하여금 자기 자신을 매끈한 공간 속에 분배하도록 만든다.

재현적 사유는 정주적 분배와 깊은 연관이 있다. 재현적 사유, 즉 logos에 기반한 사유는 상식과 양식에 의해 합리적으로 존재를 분할하여 할당된 몫으로서 존재를 각 존재자에게 비례적으로 분배하는 것을 목표로 한다. 그리고 이렇게 할당된 몫을 함축하는 분배로서

---

19) 질 들뢰즈, 펠릭스 가타리, 『천 개의 고원』, 김재인 옮김, 서울: 새물결, 2003, 730쪽

로고스의 분배는 할당의 원리로서 상식과 양식이 "가장 공평하게 분배된 것으로"[20] 천명한다.

반면에 '존재의 일의성'의 사유는 유목적 분배와 깊은 관련이 있다. 이때 '몫'의 할당은 없기에 "소유지도 울타리도 척도도 없"다.[21] 이러한 분배는 상식과 양식을 파괴하는 '착란'과 '방황'의 분배에 가깝다. 그리고 여기서 존재는 존재자들에게 분배되지 않고 유목적 분배에서 사람들과 짐승들이 최대의 공간을 채우는 것이 문제가 되듯이 사물들이 일의적인 존재 안에서 "모든 범위에 걸쳐 자신을 펼쳐간다."[22] 그리고 존재는 모든 존재자에게 동등하게 그리고 어떠한 매개도 없이 직접적으로 현전한다. 이러한 의미에서 존재의 일의성은 정착의 위계적 구조를 파괴하는 아나키이자 존재의 평등성이다. "존재의 일의성은 또한 존재의 동등성을, 평등을 의미한다. 일의적 존재는 유목적 분배이자 왕관을 쓴 무정부 상태이다."[23]

이것은 유목적인 분배에는 어떠한 위계도 없음을 함축하는가? 이제 위계는 한 존재자와 다른 존재자 사이의 양의 크기를 비교하는 것에 있지 않으며, 한 존재자가 자신의 한계를 돌파함으로써 '도약'하는지에 달려있다. 아무리 절대적인 양이 크다 하더라도 자신의 한계 안에 안주한다면 그 존재자는 위계 상에서 낮은 지위에 있는 반면에 절대적인 양이 작더라도 자기 자신을 넘어서 끊임없이 도약한다면 위

---

20) 『차이와 반복』, 103쪽
21) 『차이와 반복』, 104쪽
22) 『차이와 반복』, 104쪽
23) 『차이와 반복』, 106쪽

계 상에서 높은 지위에 있는 것으로 평가되어야 한다.

이러한 일의적 존재 안에서의 다수의 유목적인 분배는 일자와 다수의 특정한 관계로서 니체적 의미의 '주사위 놀이'의 관계를 이룬다. 니체에 의하면 삶은 우연의 연속이고, 그렇기 때문에 삶은 주사위 놀이인데, 삶이라는 놀이에 서투른 자들은 모든 우연을 단번에 긍정하지 못하기에 특정한 눈의 조합이 나오기를 기다리며 확률성과 인과성을 이용해 이러한 조합을 낳기 위해 노력한다. 그리고 단번에 모든 우연을 긍정하지 못하기에 결국 여러 번의 주사위 던지기에 기대할 수밖에 없다. 들뢰즈는 다음과 같이 쓴다.

"놀이에 서투른 자들은 여러 번의 주사위 던지기, 무수한 던지기에 기대한다. 그래서 그는 바람직하다고 주장하는 조합을 낳기 위해서 인과성과 확률성을 이용한다. 그리고 그는 그런 조합 자체를 인과성 뒤에 숨겨진 획득해야 할 목적으로 간주한다."[24]

그리고 이러한 바람직한 조합을 낳지 못하는 상황에 대해 이 서투른 놀이자는 원한을 갖게 되고 목적을 이루지 못했다고 자신을 자책하기 시작한다. "주사위 던지기의 반복 속에서의 원한, 그것은 목적에 대한 신념 속에서의 가책이다."[25]

반면에 우연을 단번에 긍정하는 것은 이 우연 속에서 반복되는 필

---

24) 『니체와 철학』, 64쪽
25) 『니체와 철학』, 65쪽

연을 단번에 긍정하는 것이다. 그런데 이렇게 모든 우연을 단번에 긍정하기 위해서는 '우연'으로서의 '다수/생성'과 '필연'으로서의 '일자/존재' 사이에 특정한 관계가 성립해야 하는데, 그것은 존재가 모든 존재자에 동등하게 현전해야 한다는 것이다. 즉 존재의 일의성이 성립해야 한다는 것이다. 이러한 일의성으로서의 동등성과 평등성이 파괴되면, 즉 다수 사이의 우열 위계가 성립하게 되면 이러한 위계 속에서 우월한 것만을 긍정하게 된다. 이런 의미에서 들뢰즈는 파스칼의 유명한 내기가 니체적 의미의 주사위 놀이가 아니라고 말하는데, 왜냐하면 이때 우연은 "이득의 우연과 손실의 우연으로 조각"[26]나기 때문이다. 들뢰즈는 이러한 파스칼의 도박이 '나쁜 놀이'로서 인간적인, 너무나 인간적인 놀이라고 말한다.

들뢰즈는 '인간적인 놀이'를 이렇게 이득의 가설과 손실의 가설을 규칙에 의해 규정하는 놀이로 정의한다. 이러한 놀이에서 놀이의 결과들은 실행된 가설에 따라 할당되며, 따라서 "인간적인 놀이는 정착적 분배를 통해 이루어"[27]지며, 이러한 분배는 "규칙에 의해 정해진 어떤 비율에 따라 고정적으로 배당된다."[28] 이런 의미에서 이러한 인간적인 놀이는 도덕성의 학습과 무관하지 않다. 들뢰즈는 다음과 같이 쓰고 있다.

---

26) 『니체와 철학』, 83쪽
27) 『차이와 반복』, 591쪽
28) 『차이와 반복』, 591쪽

"이 인간적인 놀이 방식, 이 거짓된 놀이 방식은 자신의 전제들을 감추지 않는다. 즉 그것은 어떤 도덕적 전제들이고, 여기서 가설은 선과 악에 관련되어 있으며, 놀이는 어떤 도덕성의 학습이다."[29]

반면 들뢰즈가 '신적인 놀이'라고 부르는 것이 있다. 이 놀이에는 선재하는 규칙이 없으며 서로 다른 우연들로서 던짐들은 조각나지 않고, 다만 일의적인 존재로서의 '유일하고 똑같은 던지기'의 형상들이다. 여기서 결과들은 각각 하나의 특이점을 이루며 이러한 특이점들은 유목적으로 분배되고, 하나의 유일한 던지기로서 우발점은 이 특이성들을 소통시키며 자리를 옮긴다.

이러한 특이점들의 유목적인 분배와 들뢰즈의 '이념론'은 연결된다. 들뢰즈의 이념=문제를 규정하는 과정은 미규정적 요소들(dx, dy)의 상호적 규정(dy/dx)을 지나 완결된 규정을 통해 특이점들이 분배되는 과정이다. 이런 의미에서 이념은 주사위 놀이의 '결과'이다. 그리고 이러한 특이점들의 방사, 특이점들의 유목적인 분배는 하나의 순수 사건, 이념적 사건을 구성한다. 즉 "문제는 사건의 질서에 속"[30]하며, "이념적 사건이란 … 특이점들, 특이성들의 집합"[31]이다. 그리고 현실적 사건은 이 문제=이념의 해로서 현실에 솟아오른다.

이러한 문제의 완결된 규정은 문제의 조건을 점진적으로 규정해 나가면서 이루어진다. 그리고 문제가 사건의 질서에 속하는 것은 "문제

---

29) 『차이와 반복』, 591쪽
30) 『차이와 반복』, 410쪽
31) 질 들뢰즈, 『의미의 논리』, 이정우 옮김, 서울: 한길사, 2015, 121쪽

의 조건들 자체가 어떤 사건, 단면, 절제, 부가체들 등을 함축"[32]하기 때문이기도 하다. 이러한 조건들의 규정을 통해 이념적 사건의 파편들, "문제를 단번에 해결 가능하게 만드는 미래적이거나 과거적인 이념적 사건들의 파편들"[33]을 끼워 맞추고 동시에 특이성들, 즉 '모든 상황, 용해점, 빙점, 응결점들'을 응축시켜 하나의 숭고한 카이로스 (Kairos) 속으로 몰아넣어야(précipiter) 한다고 들뢰즈는 주장한다. 들뢰즈는 이런 의미에서 레닌에 대해 다음과 같이 쓰고 있다.

> "어떤 이념을 갖는다는 것은 이런 것이다. 말하자면 각각의 이념은 사랑과 분노의 두 얼굴을 지니고 있다. 파편들의 모색, 점진적 규정 … 안에서 볼 때 이념은 사랑이다. 반면 독특성들의 응축 안에서 볼 때 이념은 분노이다. 이 응축은 이념적 사건에 힘입어 '혁명적 상황'의 축적을 정의하고, 현실적인 것 안에서 이념이 터져나오게 만든다. 바로 이런 의미에서 레닌은 이념들을 지니고 있었다."[34]

그런데 이러한 '응축'과 다른 의미의 '응축'이 존재한다. '분노'로서 응축이 현실과 이념 사이를 연결한다면, 우발점은 이념적 사건보다 더 근본적인 층위에 있으면서 모든 특이성들을 '응축'한다. 들뢰즈에 의하면 특이성들은 "모든 우연들을 단번에 응축하는 그런 우발점에

---

32) 『차이와 반복』, 410쪽
33) 『차이와 반복』, 413쪽
34) 『차이와 반복』, 413쪽

서 유래"[35]한다. 이러한 우발점이 제기하는 물음은 '존재론적'이며, "문제들 안에서 '존재자'를 분배한다."[36]

역설적 심급으로서 우발점은 특이성들의 계열을 돌아다니면서 이 계열들이 공명하고 소통하게 한다. 이러한 우발점은 그 안에서 모든 순수사건이 소통하고 분배되는 대문자 사건이다. 특이점들이 문제로서 이념들과 관련 있다면 우발점으로서 대문자 사건은 '물음'들과 관련이 있다. 그리고 문제들은 물음들로부터 온다. 이런 의미에서 물음들은 가장 근원적인 층위에 있지만 이념=문제가 폭력을 행사하지 않는다면, 즉 혁명적 사건을 생산하지 않는다면 물음은 아름다운 영혼의 물음으로서 '약혼의 물음'에 지나지 않게 된다.

"아름다운 영혼은 끊임없이 자신의 고유한 물음, 약혼들의 물음을 제기한다. 하지만 물음이 자신의 올바른 문제를 발견하자마자 얼마만큼 많은 약혼자들이 사라졌거나 홀로 남게 되었는가?"[37]

반면 들뢰즈는 이념=문제가 혁명적 전쟁 기계일 수 있다고 말한다. 들뢰즈가 『천 개의 고원』에서 말하는 유목과학이 그 사례이다. 유목과학은 문제의 조건을 점진적으로 규정하고 해를 구하는 과정에서 사건으로 나아가게 된다. 들뢰즈는 다음과 같이 쓰고 있다.

---

35) 『차이와 반복』, 429쪽
36) 『차이와 반복』, 431쪽
37) 『차이와 반복』, 425쪽

"여기서 말하는 사건에는 온갖 종류의 변형, 변환, 극한으로의 이행 등의 포함되는데, 이렇나 조작 속에서 각각의 도형은 본질이 아니라 하나의 '사건'을 나타내게 된다. … 정리가 이성의 질서를 따르는 데 반해 문제는 아펙트(affect)의 차원에 속하는 것으로서 과학 자체의 다양한 변신이나 발생, 창조와 불가분의 관계에 놓여 있다. … 문제는 … 하나의 전쟁 기계이다. … 문제는 전쟁 기계 자체로서, 이것은 경사면이나 극한으로의 이행, 소용돌이와 투사와 분리될 수 없다."[38]

그리고 '물음'으로서의 우발점은 이러한 이념들과 관계된 발산하는 이념적인 사건으로서의 특이성의 계열들이 공명하도록 만든다. 그리고 이러한 공명과 소통을 통해 "문제들 안에서 '존재자'를 분배한다."[39] 그리고 주사위 던지기의 반복을 통해 이러한 공명은 일의적 존재로 나아간다. 이러한 일의적 존재로 나아감은 특이성들 사이의 소통을 통해 이루어진다. 들뢰즈는 다음과 같이 쓴다.

"반복, 그것은 특이성들을 던지는 것, 언제나 특이성들을 어떤 메아리, 공명 속으로 던지는 것이다. 각각의 특이성은 이 공명을 통해 다른 특이성의 분신이 되고, 각각의 별자리는 다른 별자리의 재분배가 된다. … 만일 '존재자'가 우선 차이이자 시작이라면, 존

---

38) 『천 개의 고원』, 693~694쪽
39) 『차이와 반복』, 431쪽

재 그 자체는 반복이자 존재자의 새로운 시작이다."[40]

말하자면 '일의적 존재=우발점'이고, 이런 의미에서 존재론은 주사위 놀이이다. 실제로 들뢰즈는 다음과 같이 쓰고 있다.

"존재론, 그것은 주사위 놀이─ 코스모스가 발생하는 카오스모스 ─다."[41]

그리고 이러한 주사위 놀이의 개념은 『의미의 논리』에서 '이념적인 놀이'라는 개념으로 세공된다. 이러한 이념적인 놀이에서,

1) 놀이 이전에 선행하는 규칙은 존재하지 않는다.
2) 우연은 승리와 패배를 규정하는 가설들로 쪼개지지 않으며, 따라서 승리와 패배는 없다.
3) 각각의 던지기는 형상적으로(질적으로) 구별될 뿐, 수적으로나 존재론적으로 구별되지 않는다. "그들 모두는 존재론적으로 하나인, 유일하고 동일한 던짐의 질적인 형태들이다."[42]

이런 점에서 이념적인 놀이는 앞에서 말한 '신적인 놀이'로서 주사위 놀이이다. 이러한 신적인 놀이를 현실적인 놀이와 구분되는 이념

---

40) 『차이와 반복』, 435쪽~437쪽
41) 『차이와 반복』, 431쪽
42) 『의미의 논리』, 133쪽

적인 놀이라고 부르는 것은 이러한 규칙도, 승리도, 패배도, 수적으로 구별되는 결과들도 존재하지 않는 놀이는 현실적인 놀이라고 부를 수 없기 때문이다. 이런 의미에서 들뢰즈는 이러한 이념적인 놀이가 사고와 예술을 통해서만 가능하지만, 우리의 무의식이 이러한 이념적인 놀이에 의해 짜인다는 점에서 '사고 자체의 리얼리티'라고 말한다. [43] 실제로 들뢰즈는 무의식적 표면으로서의 선험적인 장은 이러한 이념적인 놀이에 의해 짜인다고 말한다.

들뢰즈의 '선험적인 장' 개념은 사르트르로부터 온 개념인데, 사르트르는 『자아의 초월성』에서 이 선험적인 장을 '선험적인 나'로서의 주체가 없으며 오히려 주체가 이곳으로부터 발생하는 장으로 규정했다. 이런 의미에서 사르트르는 선험적인 장을 비인칭적인 장으로 규정했다. 여기서 비인칭적이라는 말은 선험적 '나'가 등장하기 이전을 의미한다. 왜냐하면 1인칭, 2인칭, 3인칭은 모두 '나'의 성립과 동시에 성립하기 때문이다. 들뢰즈는 사르트르의 이 개념을 변형하여 "인칭적인 것의 형태만이 아니라 … 일반적인 것의 형태와 … 개체적인 것의 형태를 배제"하는 전-개체적이고, 비-인칭적인 특이성들의 장으로 규정지어야 한다고 말한다. 또한 사르트르는 이러한 선험적인 장을 전반성적인 순수의식에 부여하려고 했지만, 들뢰즈는 선험적인 장이 의식의 형식을 거부한다고 말한다. 왜냐하면, 사르트르는 '나'나 '자아'가 의식의 통일성의 결과이며 이러한 의식의 통일성을 보증하는 것은 파지(rétention)의 횡단적인 지향성의 유희라고 말하지만, 들뢰

---

43) 『의미의 논리』, 134쪽

즈는 이러한 파지가 여전히 개체화의 중심을 가정하고 있기에 불충분하다고 말한다.

오히려 들뢰즈는 선험적인 장을 '무의식적 표면'에 위치시킨다. 이념적인 놀이에 의해 방출된 전-개체적이고 비-인칭적인 특이성들은 유목적 분배에 의한 자가-통일화를 통해 선험적인 장을 조직한다. 즉 주사위 놀이에 의해 선험적인 장은 짜인다. 들뢰즈는 다음과 같이 쓴다.

> "특이성들은 자가 통일화의 과정을 겪는다. 이 과정은 역설적 요소가, 하나의 동일한 우발점 안에 상응하는 특이점들을, 또 동일한 하나의 던짐 안에서 모든 방출들과 모든 던짐들을 내포함으로써, 계열들을 주파하고 또 공명하게 만듦에 따라 계속 동적인 상태를 유지하며 자리 옮김 한다."[44]

이 선험적인 장 속에서 전-개체적이고 비-인칭적인 특이성은 "자유로운 특이성, … 인간들, 식물들, 동물들에 돌아다니는 익명적이고 유목적인 특이성이다."[45]

---

44) 『의미의 논리』, 195쪽
45) 『의미의 논리』, 202쪽

5. 사건들 사이의 소통과 일의적 존재에의 도달

              그리고 이러한 특이성들의 자가 통일화가 바로 사건들 사이의 소통이며, 이러한 소통은 역설적 요소로서의 우발점 또는 대문자 사건에 의해 이루어진다. 어떻게? 그것은 이접(離接, disjonction)의 긍정적 종합에 의해서이다.

들뢰즈는 라이프니츠가 개념들의 모순에 기초한 아리스토텔레스의 논리학을 넘어서 개념들의 모순을 사건들 사이의 양립 불가능성으로서 불공 가능성 위에 기초를 지었다는 점에서 라이프니츠를 "사건에 대한 최초의 이론가"[46]라고 부른다. 예를 들어 나비의 한 종이 회색이면서 동시에 강할 수 없고, 오직 검은 것만이 강하다고 하자. 혹자는 물리적 인과 메커니즘, 즉 회색을 유발하는 호르몬이 나비를 약하게 만들기 때문이라고 말할 수 있다. 그러나 '회색이 되다'라는 사건은 '검은색이 되다'보다 긍정적이지 않은데, 왜냐하면 '회색이 되다'는 보호색 효과에 의해 안전성이 증가하며, '검은색이 되다'는 강해지는 것을 의미하기 때문이다. 들뢰즈는 이런 의미에서 나름대로의 이점을 갖고 있는 이 두 사건 사이의 양립 불가능성에 물리적 메커니즘이 기초해 있으며, 따라서 개념적 모순 또한 사건들의 양립 불가능성에 기초해 있다고 말할 수 있다. 더 나아가 들뢰즈는 물리적 인과가 바로 이러한 형이상학적 양립 불가능성이 구현된 것이라고 말한다.

그런데 들뢰즈는 라이프니츠가 비논리학적이고 형이상학적인 양립

---

46) 『의미의 논리』, 292쪽

불가능성으로서 불공 가능성의 규칙을 사건들 서로를 배타적으로 만드는 데 사용했다고 비판한다. 이것은 라이프니츠의 체계에 있어 매우 중요한 부분을 건드리고 있는 것인데, 신이 이 배타적인 선택지 중 하나를 선택한다는 신학적 요청은 라이프니츠의 원리 중 매우 중요한 것이기 때문이다. 그러나 들뢰즈는 라이프니츠의 이러한 한계를 '이념적인 놀이' 개념을 통해서 극복할 수 있다고 말한다.

보르헤스와 들뢰즈는 필연적인 경로로 보이는 곳에서도 언제나 우연을 '불어넣을 수' 있으며, 이러한 가지치기를 통해 발산하는 계열들에 의해 무한히 많은 가능 세계들이 분화한다고 말한다. 이러한 무한한 가지치기는 무한한 시간이 필요하지 않으며, 시간이 유한하더라도 무한히 분할될 수 있으면 충분하다고 보르헤스는 말한다. 보르헤스는 「바빌로니아의 복권」에서 다음과 같이 쓰고 있다.

> "무지한 사람들은 무한한 추첨에는 무한한 시간이 요구된다고 주장한다. 하지만 '거북이와의 경주' 비유가 보여주듯이, 시간은 사실상 무한하게 나뉠 수 있다는 것으로 충분하다."[47]

'이념적인 놀이'는 이와 같은 무한한 다양성(특이성들의 계열들)이 우발점으로서의 '유일한 던짐'과 맺는 일의적 관계를 의미한다. 따라서 '이념적인 놀이' 속에서 '유일한 던짐'은 무한한 계열들의 발산을 '긍정'할 뿐만 아니라 '생산'한다. 즉 '유일한 던짐'은 이접적인 종합을 '긍

---

47) 호르헤 루이스 보르헤스, 『픽션들』, 송병선 옮김, 서울: 민음사, 2011, 84쪽

정'하고 '생산'한다. 들뢰즈는 다음과 같이 쓴다.

> "라이프니츠가 신학적 요구 때문에 그 원리를 파악할 수 없었던
> 이념적인 놀이를 생각할 경우, 문제는 다르다. 왜냐하면, 이 다른
> 관점에서 볼 때, 계열들의 발산 또는 구성요소들의 이접은 사건들
> 을 양립 불가능하게, 공가능하지 않게 만드는 배제의 부정적 규칙
> 들이기를 그치기 때문이다. 발산, 이접은 이와 같이 긍정된다."**48**

이접의 긍정적인 종합은 무엇을 의미하는가? 이러한 종합은 결코
변증법적 종합, 즉 차이와 거리를 지양하고 동일자로 나아가는 종합
이 아니다. 오히려 이접의 긍정적인 종합은 한자어 **離接** 중 **離**에서
알 수 있는 '차이'와 '거리'를 온전히 긍정한 채 이루어지는 종합을 의
미한다. 오히려 '차이'와 '거리'는 소통의 수단이 된다. 이런 의미에서
들뢰즈는 라이프니츠와 니체의 '관점주의'를 비교한다.

비유하자면 라이프니츠의 관점주의는 하나의 마을에 대한 여러 관
점의 현실성을 이야기한다면, 니체에 이르면 각 관점에 마을이 상응
하며 각 마을은 그들의 '거리(distance)'를 통해서만 소통하며 그들의
계열들로서 '그들의 집들과 거리(street)들의 발산을 통해서만 공명한
다. 그리고 마을들(관점들)은 서로 배타적이지 않으며 하나의 마을(관
점) 안에는 다른 마을(관점)이 있다.

하나의 마을 안에는 다른 마을이 있다는 것은 사물의 자기 동일

---

48) 『의미의 논리』, 293쪽

성이 존재하지 않으며, 따라서 이러한 사물의 자기 동일성에 따라 술어들이 배제되는 것이 아니라, 사물이 "무한한 술어들에로 스스로를 개방"[49]한다는 것을 의미한다. 이것은 자아, 세계, 신의 동일성이 파괴된다는 것, 즉 칸트적 의미의 '이념'들이 몰락한다는 것을 의미한다.

> "이접이 하나의 원리, 즉 그것에 종합적이고 긍정적인 가치를 주는 원리에 도달할 때, 자아, 세계, 신은 이제 … 발산하는 계열들 그대로를 위해 하나의 공통의 죽음을 인식한다.
> … 긍정된 계열들의 발산은 '카오스모스'를 형성할 뿐 더 이상 [라이프니츠적인] 세계를 형성하지 않는다. 그들을 주파하는 우발점은 반(反)자아를 형성할 뿐 더 이상 자아를 형성하지 않는다. 종합으로서 제기된 이접은 악마적인 원리와 그 신학적인 원리를 맞바꾼다."[50]

이제 영원회귀하는 것은 자아, 세계, 신이 아니라 순수사건이며, 영원회귀 속에서 존속하는 것은 오직 우발점으로서 대문자 사건이다. "이제 모든 대립자들 대신 오로지 대문자 사건이, 대문자 사건만이 존속하며, 대문자 사건은 그 모든 이접들을 가로질러 공명함으로써 그 고유한 거리에 의해 스스로와 소통한다."[51]

---

49) 『의미의 논리』, 296쪽
50) 『의미의 논리』, 299쪽
51) 『의미의 논리』, 299쪽

그런데 어떻게 하나의 개체가 모든 순수사건을 소통시키는 대문자 사건에 도달할 수 있는가? 개체는 '역효과화(contre-effectuation)'를 통해 현실적인 사고(事故)로부터 순수사건을 추출해 낸다. 이러한 역효과화를 가장 잘 보여준 것이 바로 조 부스케(Joe Bousquet)이다. 부스케는 자신의 몸 깊숙이 새겨진 상처로부터 '영원한 진리로서의 순수사건'을 추출해 내었다. 그는 다음과 같이 말하고 있다.

> *"내 상처는 나 이전에 존재했으며, 나는 그것을 구현하려고 태어났다."*[52]

즉 '나'의 상처는 개체로서의 '부스케'와 인칭으로서의 '나' 이전에 존재하는 전 개체적이고 비인칭적인 순수사건이라는 것이다. 이와 같은 '역효과화'를 통해 우리는 원한에서 벗어난 삶을 살아가게 된다. 이러한 역효과화란 단순히 순수사건과 그 영원한 진리를 대상적으로 인식하는 것이 아니라 그 순수사건을 살아가는 것, 즉 나를 순수사건과 동일시하는 것이다. 이렇게 전 개체적이고 비인칭적인 순수사건과 동일시되므로 나는 '세계시민'이 된다. 부스케는 다음과 같이 쓰고 있다.

---

52) 『의미의 논리』, 259쪽에서 재인용

"사건들을 산다는 것은 … 나를 그들과 동일시하려고 하는 것이다."[53]

더 나아가 들뢰즈는 우리가 순수사건을 원해야 한다고 말한다. 이 것은 발생하는 것을 '불공정하고 부적격한 것으로 받아들이지 않는 것', 즉 삶과 사건을 긍정하고 일어나는 일을 받을 자격이 있는 자가 되는 것을 의미한다. 그리고 우리가 발생하는 것으로서의 사고(事故) 안의 어떤 것으로서 순수사건과 자신을 동일시할 수 있을 때 우리는 순수사건의 아들이 되는데, 왜냐하면 그때 우리는 순수사건을 구현 하는 존재가 될 뿐만 아니라 완전히 새롭게 다시 태어나기 때문이다. 이로써 우리는 "발생하는 것을 받을 가치가 있는 존재가 되는"[54] 것 이다.

이렇게 개체가 순수사건과 자신을 동일시할 수 있다면 그는 동시 에 다른 모든 개체를 사건들로 표상하게 된다. 이런 의미에서 순수사 건에 의해 다시 태어나는 개체가 다른 모든 사건과의 '차이'와 거리를 긍정하고 다른 모든 사건에 함축된 다른 개체들을 통과함으로써 "그 거리를 따르고 그와 결합하도록"[55]함으로써 개체는 마침내 대문자 사건에 도달하게 된다.

이와 같은 대문자 사건에의 도달은 드디어 존재의 일의성에의 도달 이다. 우리는 개체가 일의적 존재에 도달할 수 있음을 보인 것이다.

---

53) 『의미의 논리』, 260쪽에서 재인용
54) 『의미의 논리』, 261쪽
55) 『의미의 논리』, 302쪽

존재의 일의성이란 존재가 언표되는 대상의 동일성을 의미하는 것이 아니라 존재와 언표되는 대상 사이의 관계가 모든 대상을 가로질러 동일함을 의미한다. 들뢰즈는 다음과 같이 쓴다.

> "존재가 언표되는 대상은 결코 동일한 것이 아니다. 그러나 존재가 언표되는 모든 것에 대해 존재는 동일한 것이다. 그래서 존재는 극히 다양한 사물들에서 일어나는 모든 것에 대해 하나의 유일한 사건으로서, 모든 사건들에 대한 그 유일한 사건으로서, … 도래한다. 존재의 일의성은 이접적 종합의 적극적 사용, 극단의 긍정과 일치한다. … 우리가 이미 이념적인 놀이에 관련해 보았듯이 단 한 번의 우연의 긍정, 모든 던짐을 위한 유일한 던짐, 모든 형식과 모든 경우를 위한 하나의 유일한 존재, … 모든 소음과 바다의 물방울을 위한 하나의 유일한 목소리."[56]

그런데 들뢰즈는 여기서 일의성이 사건과 의미 사이에도 성립한다고 말한다. 이렇게 사건=의미가 성립한다. 또한 일의적인 존재는 '현실적인 것, 가능한 것, 불가능한 것에 공통적인 최소 존재'를 의미한다. 들뢰즈는 다시 이렇게 말한다.

> "존재의 일의성은 세 규정성을 띤다. 모든 것을 위한 유일한 사건. 일어나는 것과 언표되는 것을 위한 하나의 유일하고 동일한 무엇,

---

56) 『의미의 논리』, 304쪽

불가능한 것, 가능한 것, 현실적인 것을 위한 하나의 유일하고 동일한 존재."[57]

6. 결론

존재의 일의성은 영원회귀를 의미한다. 이것이 뜻하는 바는 존재가 차이, 생성, 우연을 통해서 일의적으로 언명된다는 것이다. 스피노자는 이 존재의 일의성을 긍정적인 명제로 만들었으나 실체가 양태로부터 독립된 것처럼 보인다는 점에서 존재의 일의성을 훼손하는 듯한 난점을 보였다. 반면에 니체의 영원회귀론은 이러한 난점을 해결한다.

니체의 영원회귀는 권력의지의 세계를 전제하는데, 이 권력의지의 세계는 선행하는 동일성이 모두 파괴된 세계를 의미한다. 니체에게 있어서 권력은 권력의지 바깥에 존재하지 않으며, 오히려 권력은 권력의지 안에서 힘 관계를 생산하고 각각의 힘과 자기 자신에게 성질을 증여하는 존재이며, 권력의지는 이러한 권력을 통해 사물에 의미와 가치를 증여하는 존재이다. 이런 의미에서 권력의지는 새로운 의미와 가치를 '창조'하는 존재일 뿐만 아니라 이러한 '창조'를 통해 인간

---

57) 『의미의 논리』, 305쪽

은 '변신'을 거듭한다.

그리고 영원회귀는 이러한 '변신'에 공통적인 '존재'이다. 더 나아가 들뢰즈는 영원회귀가 생성의 일의적 존재라고 말하는데, 『니체와 철학』과 『차이와 반복』에서는 이러한 생성에 대한 존재의 일의적 관계를 '주사위 놀이'라고 표현한다. 이 일의성의 놀이는 '유목적인 분배'를 따른다. 여기서 '유목적인 분배'란 닫힌 공간의 정주적 분할이 아니라 공간 속에 존재자들을 '분산'시키는 것을 의미한다. 존재론적 의미에서의 정주적 분배는 다의성을 의미하지만, 유목적 분배는 모든 존재자에 존재가 동일하게 현전한다는 것, 즉 존재의 일의성을 의미한다.

주사위 놀이가 유목적인 분배를 따른다는 것은 그것이 모든 우연을 긍정하며 우연을 승리나 패배의 가설로 쪼개지 않는다는 것을 의미한다. 또한 인간적인 놀이와 다르게 신적인 놀이로서의 주사위 놀이에서는 선행하는 규칙이 존재하지 않는다. 그리고 주사위 놀이가 유목적인 분배로서 일의성의 분배를 따른다는 것은 모든 던짐이 수적으로 혹은 존재론적으로 구별되지 않고, '유일한 던짐'의 동등한 표현이라는 것을 의미한다.

들뢰즈는 이러한 '신적인 놀이'로서의 주사위 놀이를 『의미의 논리』에서 '이념적인 놀이'라고 부른다. 들뢰즈에 의하면 전 개체적이고 비인칭적인 특이성들의 장으로서 선험적인 장은 바로 이 이념적인 놀이에 의해 짜이는데, 왜냐하면 우발점으로서의 '유일한 던짐'에 의해 특이성들의 자가 통일화가 이루어지기 때문이다.

이러한 특이성들의 자가 통일화가 바로 사건들 사이의 소통이며, 이러한 소통은 우발점에 의한 양립 불가능한 것들의 이접에 의해 이루어진다. 라이프니츠의 '모나드'는 자기 동일성에 의해 이러한 자기 동일성과 양립 불가능한 술어들을 배제했지만, 이제 이러한 양립 불가능한 것들의 '이접'을 통해 사물은 무한한 술어들로 자신을 개방한다. 즉 자기 동일성을 상실한다. 이런 의미에서 자아, 세계, 신의 자기 동일성은 파괴되며 칸트적인 의미의 '이념'은 그 지위에서 추락한다.

이제 남은 것은 순수사건들이 영원회귀하고 '존재'로서 대문자 사건들이 유일하게 존속하며, 이러한 순수사건에 대한 대문자 사건의 관계가 일의적인 '이념적인 놀이'의 선험적인 장이다.

참고 문헌

질 들뢰즈, 『니체와 철학』, 이경신 옮김, 서울: 민음사, 2008

질 들뢰즈, 『들뢰즈가 만든 철학사』, 박정태 옮김, 서울: 이학사, 2019

질 들뢰즈, 『스피노자와 표현 문제』, 현영종·권순모 옮김, 서울: 그린비, 2019

질 들뢰즈, 『의미의 논리』, 이정우 옮김, 서울: 한길사, 2015

질 들뢰즈, 『차이와 반복』, 김상환 옮김, 서울: 민음사, 2011

질 들뢰즈, 펠릭스 가타리, 『천 개의 고원』, 김재인 옮김, 서울: 새물결, 2003

프리드리히 니체, 『차라투스트라는 이렇게 말했다』, 장희창 옮김, 서울: 민음사, 2017

호르헤 루이스 보르헤스, 『픽션들』, 송병선 옮김, 서울: 민음사, 2011

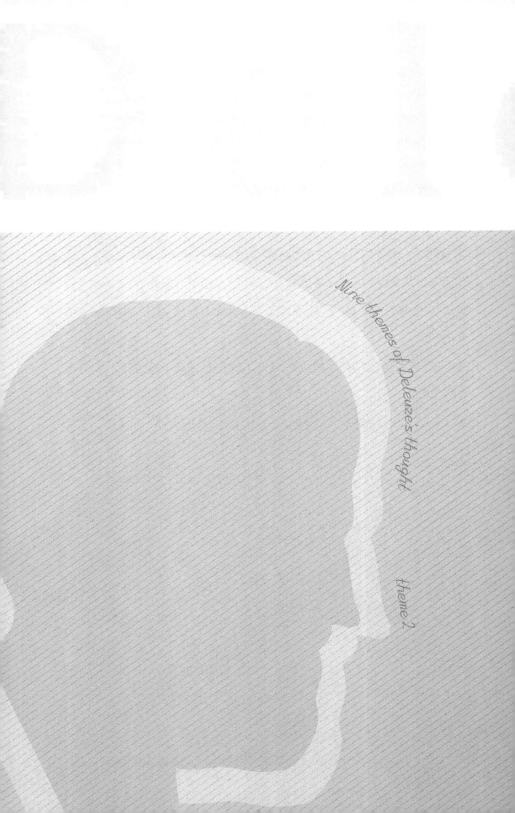

Nine themes of Deleuze's thought

theme 2

II

사유, 이념, 문제

1. 서론: 재현과 재인에 대하여

들뢰즈는 아리스토텔레스–데카르트–칸트로 이어지는 서구 인식론을 비판한다. 들뢰즈는 이러한 서양 전통철학의 인식론을 '재현'의 인식론이라고 본다. 여기서 들뢰즈가 말하는 재현이란 개념의 동일성, 판단의 유비, 술어들의 대립, 지각된 것의 유사성에 의해 순수 차이를 포획하는 것을 의미한다. 즉 고정된 비례에 의한 '할당'을 통해, 그리고 이러한 비례의 원리로서 상식과 양식을 통해 차이를 동일성과 유비, 대립, 유사성으로 구성된 체계에 복속시키는 것이다. 말하자면 차이는 유사성을 통해 최하위의 종으로 포섭되고, 이 최하위의 종은 다른 종과의 '대립'을 통해 하나의 유(類)를 구성하며 가장 보편적인 개념으로서의 존재는 유가 될 수 없기에[58], 존재의 개념이 각 항에 대해 유비적으로(비례적으로) 분배되는데, 이러한 모든 과정이 '재현'인 것이다.

말하자면 '재현'은 인식론적 의미에서 유목적 분배에 대립하는 '정

---

58) 아리스토텔레스의 체계 속에서는 만약 존재가 유라면 '종차가 존재한다.'와 같은 명제에서 '유'로서의 존재가 종차의 술어가 될 수 없으므로 종차가 존재한다고 말할 수 없게 되어 모순이 발생한다.

주적 분배' 혹은 일의성의 분배에 대립하는 다의성의 분배이다. 들뢰즈는 '재현'이 인식능력들의 평화적인 '몫'의 분배라는 것을 밝힌다. "권리 범위, 관심, 경계, 재산들 등은 어떤 양도 불가능한 권리 위에서 축성되고 정초된다. 비판에는 치안판사의 법정, 등기소, 토지대장 등 모든 것이 있다. … 이런 것의 재현의 체계 일반이다."[59] (강조는 인용자) 즉 들뢰즈는 칸트의 비판조차도 상식과 양식에 의한 '할당'과 '분배'의 체계로서 재현을 넘어서지 못한다고 말하는 것이다.

또한 들뢰즈는 전통적인 인식론이 '재인'의 인식론이었음을 밝힌다. 이러한 '재인'이란 모든 인식능력의 예정 조화 속에서 모든 인식능력에 공통적인 대상이 주어짐을 의미한다. 이것이 가능하다는 것은 공통 감각이 대상의 동일성 형식을 제공하며, 이러한 형식을 모든 인식능력이 공유한다는 것을 의미한다. 그리고 이러한 대상의 동일성 형식은 칸트적 의미의 대상=x로서 이에 대응하는 선험적 주체인 '나는 생각한다'를 요청한다. 들뢰즈는 다음과 같이 쓴다.

"코기토 그 자체가 철학적 성격을 띠게 된 공통 감각이다. 데카르트는 물론이고 칸트에게서도, 모든 인식능력들의 조화로운 일치를 근거 짓고 똑같은 것으로 가정된 어떤 대상의 형식 위에서 이 능력들의 합치함을 근거 짓는 것은, '나는 생각한다.'의 자아가 지닌 자기 동일성이다."[60]

59) 질 들뢰즈, 『차이와 반복』, 김상환 옮김, 서울: 민음사, 2011, 307쪽
60) 『차이와 반복』, 299쪽

이러한 의미에서 통일된 선험적 주체인 '나는 생각한다'가 대상=x의 상관자로서 존재한다는 믿음은 경험적 차원에 있어서 각각의 인식능력이 대상의 상관자로서 존재한다는 사실로부터 '유비'에 의해 추론된 것이다. 이런 의미에서 칸트의 인식론은 경험적인 것을 선험적인 것으로 전사(伝写)하는 것이다. 들뢰즈는 다음과 같이 쓰고 있다. "이런 식으로 칸트는 어떤 심리적 의식의 경험적 활동들을 기초로 이른바 선험적인 구조들을 전사하고 있음이 분명하다."[61] 말하자면 칸트에게는 경험적인 것과 선험적인 것 사이에 유사성이 존재한다는 강한 믿음이 존재하며, 들뢰즈는 이러한 유사성에 대한 가정이 아무런 근거가 없다고 주장하는 것이다. 이런 의미에서 들뢰즈에게 있어서 잠재적인 것(선험적인 것)과 현실적인 것(경험적인 것) 사이에는 유사성이 존재하지 않는다.

2. 탈구된 인식능력들

이런 의미에서 들뢰즈는 선험적인 인식능력과 경험적 차원의 인식능력을 구분한다. 즉 선험적 감성과 경험적 감성, 선험적인 상상력과 경험적 상상력 사이에는 '간극'이 존재한다. 그리고

---

61) 『차이와 반복』, 302쪽

선험적인 차원의 인식능력으로의 고양을 들뢰즈는 '초월적 실행'이라고 부른다. 그리고 인식능력이 선험적인 차원으로 고양되기 위해서는 초월적 실행을 강요하는 어떤 사태와의 비자발적인 우발적 마주침이 전제되어야 한다. 이런 의미에서 들뢰즈는 다음과 같이 쓴다.

> "사유는 비자발적인 한에서만 사유일 수 있고, 사유 안에서 강제적으로 야기되는 한에서만 사유일 수 있다."[62]

이런 의미에서 사유는 감성을 타격하는 '기호' 혹은 '강도(intensity)'의 불법 침입에 의해서만 진정으로 사유일 수 있다. 이러한 '강도'는 순수한 즉자적 차이이며, 그렇기에 경험적인 감성에 의해서는 파악될 수 없다. 이러한 '강도'의 폭력은 그러나 선험적인 감성의 측면에서 보면 오직 감성의 대상밖에는 될 수 없다. 그리고 이러한 감각밖에 될 수 없는 것인 동시에 경험적 감성에 의해서는 파악될 수 없는 하나의 '상형문자'로서의 '기호' 혹은 '강도'는 "영혼을 뒤흔들고 … 어떤 문제를 설정하도록 강요한다."[63] 즉 기호는 문제를 만들어 낸다.

그리고 이러한 '문제'는 여러 인식능력들에 폭력을 전달한다. 그리고 이러한 '문제'의 폭력은 각각의 인식능력들이 경험적 사용에서 초월적 실행으로 나아가도록 만든다. 그리고 '이념'으로서의 '문제'는 각각의 인식능력 안에서 각각의 대상을 창조한다. 즉 상상력은 '환상

---

62) 『차이와 반복』, 310쪽
63) 『차이와 반복』, 313쪽

안의 불균등성'을, 기억은 '시간의 순수한 형식 안에 있는 비유사성'을, 사유는 '본성상 언제나 달라지는 바로 그 초월적 우발점'을 대상으로 갖게 된다.[64] 그리고 이러한 대상들은 모두 선험적인 '순수한 차이'이기 때문에, 경험적 차원의 인식능력들로서는 파악될 수 없고, 선험적 차원으로 고양된 인식능력만이 포착할 수 있다. 이런 의미에서 이념=문제는 각각의 인식능력들을 고양된 '각성 상태'로 만든다.

"이념들은 모든 인식능력을 주파할 뿐만 아니라 이 능력들을 번갈아가며 일깨운다."[65]

이런 의미에서 모든 인식능력들이 공유하는 것은 경험적 사용과 초월적 실행 사이의 '간극'을 표현하는 '역설감(para-sens)'인 것이다. 이런 의미에서 역설적으로 모든 인식능력을 소통시키는 것은 공통 감각이 아니라 역설감이다. 들뢰즈는 칸트가 『판단력 비판』의 숭고론에서 바로 이러한 공통 감각에 근거하지 않는, '불일치의 일치'를 처음으로 발견했다고 주장한다. 들뢰즈에 의하면 칸트의 『순수이성비판』에서 인식능력들의 일치는 앞에서 말한 인식능력들의 '예정조화'에 의한 것으로 독단적으로 가정될 수밖에 없는 것이었다. 들뢰즈는 다음과 같이 쓴다.

64) 『차이와 반복』, 321쪽
65) 『차이와 반복』, 362쪽

"칸트가 위험한 어려움에 처한 것처럼 보일 수 있다. 우리는 그가 주체와 대상 사이의 예정 조화의 이념을 거부했음을 알고 있다. 대신에 그는 주체 그 자체에 대한 대상의 필연적 종속의 원리를 내세웠다. 그러나 칸트는 다시 조화의 이념을 끌어들이는 것이 아닌가? 조화의 이념은 단지 주체가 가진 본성상 서로 다른 능력들의 차원으로 옮겨 왔을 뿐이지 않은가?"[66]

그런데 『판단력 비판』의 숭고 분석에서의 칸트는 다르다. 숭고한 것, 즉 무형의 것 혹은 기형의 것(광대한 것과 강력한 것)과 마주쳤을 때 상상력은 자신의 한계에 직면하여 "자기 능력을 극단까지 몰고 가는 맹렬함을 체험한다."[67] 그리고 숭고한 대상으로서 광대한 것과 맞닥뜨린 상상력은 감성적 자연을 하나로 통일시킬 것을 강요하는 이성의 요구가 자신에게 불가능한 것임을 알게 된다. 이러한 감성적 자연의 전체성이라는 '이념'은 이런 의미에서 상상력에 '소극적으로' 현시된다. 즉 상상력과 이성 사이의 '불일치' 혹은 '싸움'에 의해 역설적인 일치에 도달하는 것이다. 들뢰즈는 다음과 같이 쓴다.

"우리로 하여금 감성적 자연의 광대함을 하나의 전체로 통일시키도록 하는 것은 오로지 이성이다. … 이 전체성은 감성적인 것의 이념이다. 이렇게 상상력은, 자기 능력의 한계에까지 이르도록 박

---

66) 질 들뢰즈, 『칸트의 비판철학』, 서동욱 옮김, 서울: 민음사, 2006, 52쪽~53쪽
67) 『칸트의 비판철학』, 98쪽

차를 가하고 자신의 모든 능력이 하나의 이념에 비하면 아무것도 아님을 시인하도록 하는 것이 이성임을 알게 된다. … 상상력과 이성 사이의 직접적인 주관적 관계…는 우선 일치보다는 불일치, 즉 이성의 요구와 상상력의 힘 사이에서 체험하는 모순이다. … 그러나 그 불일치의 심층에는 일치가 있다. … 이는 진정 이성적 이념에 대해 접근할 수 없음을 표상하고 또 이 접근 불가능성조차 감성적 자연 안에 나타나는 어떤 것으로 만들어버리는 소극적 방법이다."[68]

이러한 인식능력들 사이의 전제된 예정조화가 아닌 '부조화의 조화' 또는 '불일치의 일치'로서 발생적 일치가 존재한다는 인식은 소중한 것이다. 들뢰즈는 칸트가 궁극적으로는 이런 의미에서 미리 전제된 인식능력들 사이의 소통 또는 협력이라는 독단적 전제는 필요 없다는 것을 보여주었다고 말한다. 인식능력들 사이에서 전달되는 것은 오로지 폭력이며, "탈구된 인식능력들 간의 유일한 소통"[69]을 규정하는 것은 오직 역설감이다.

그리고 모든 인식능력들을 주파하는 '문제'를 들뢰즈는 '이념'이라고 부른다. 이러한 이념들은 역설감과 관계가 있을 뿐 공통감과는 전혀 관계가 없기에, 이 이념들이 주파하는 각각의 인식능력들은 각각 서로 다른 초월적 대상과 조우하게 된다.

---

68) 『칸트의 비판철학』, 98쪽~99쪽
69) 『차이와 반복』, 325쪽

3. 문제로서의 이념, 해로서의 명제

그런데 들뢰즈의 문제로서의 '이념'은 칸트의 '이념'과는 다른 것이다. 물론 칸트는 이념이 '문제 제기적'이라고 말하고 있지만, 이념은 그 자체로 직접적으로 내생적으로 규정될 수 없고, 자신에게 외재적인 경험 대상들이나 지성의 개념들에 의해 규정 가능하거나 이상적 규정으로 나아갈 수 있으며, 결국 이러한 경험 대상들이나 지성 개념들에 의해 간접적으로만 규정될 수 있다. 그러나 들뢰즈는 이러한 칸트의 외생주의가 아벨과 갈루아에 의해 극복된다고 말한다. 이런 의미에서 들뢰즈는 이 둘, 특히 갈루아의 업적이 "코페르니쿠스적 혁명보다 훨씬 중요한 혁명"[70]이라고 말한다. 아벨과 갈루아는 어떤 방정식이 해결 가능한지를 문제의 내적 특성에 기초를 두었다. 특히 들뢰즈는 갈루아에 주목한다.

유리수 체 Q로부터 시작하여 체들에 계속 어떤 적당한 수를 첨가하여 확대체(extension field) Q′, Q″…를 만들어갈 때, "가능한 대입과 치환들이 점진적으로 제한되고, 이로써 한 방정식의 근들이 점점 더 정확하게 식별될 수 있다."[71] 그리고 만약 모든 근이 식별 가능하다면 이러한 점진적인 진행에 의해 방정식의 분해체(splitting field) K에 도달할 수 있다. 그러나 이러한 식별 가능성은 경험에 의해 규정되는 것이 아니다.

---

70) 『차이와 반복』, 393쪽
71) 『차이와 반복』, 394쪽

왜냐하면, 갈루아에 의하면 Q, Q', Q", … , K는 이에 동형적으로 일대일 대응하는 군으로서 $G(K/Q)$, $G(K/Q')$, $G(K/Q")$, … ,{e}을 갖는데, 처음의 Q에 대응하는 $G(K/Q)$가 solvable[72] 한지에 의해서 방정식이 해결 가능한지가 규정되는 것이고, $n \geq 5$일 때 모든 대입과 치환을 모아놓은 군인 S_n이 $G(K/Q)$인 경우에 S_n이 solvable 하지 않으므로 5차 이상의 방정식의 일반적 해법은 존재하지 않는다. 이런 의미에서 방정식의 해결 가능성 혹은 방정식의 근들의 식별 가능성은 선험적인 문제=이념 안에서 결정된다.

이러한 갈루아의 증명이 "우리가 알지 못하는 것의 객관성을 특징 짓는다."[73]라고 들뢰즈는 말한다. 들뢰즈는 이런 의미에서 갈루아가 일깨워주는 것은 해에 대한 '앎'이 아닌 문제=이념에 대한 '배움'의 중요성이다. 들뢰즈는 다음과 같이 쓴다.

"이러한 무지는 더 이상 어떤 부정적인 사태, 불충분한 사태가 아니다. 그것은 오히려 … 어떤 배움이다."[74]

이런 의미에서 문제는 해(解), 또는 명제를 넘어서 있으나 부정적이지 않으며 긍정적이다.

---

72) 유한 군 G가 solvable하다 ⇒ 군 $H_0, \dots, H_n$이 존재해서 H_i가 H_{i+1}의 정규부분군이고, $H_0 = \{e\}$, $H_n = G$를 만족하고 H_{i+1}/H_i가 단순가환군이다.
73) 『차이와 반복』, 394쪽
74) 『차이와 반복』, 394쪽

들뢰즈는 유클리드 기하학을 비판한다. 유클리드의 기하학은 이와 같은 '문제'를 통해 구성되어 있지 않고, 명제로서의 '정리'를 통해 구성되어 있으며 '귀류법'을 많이 사용하고 있다. 예를 들면 어떤 것이 존재함을 보일 때 이것이 존재하지 않을 수 없다는 것을 증명하는 것이다. 이러한 간접적인 추리는 존재의 이유인 것으로부터의 명제의 긍정적이고 직접적인 발생을 설명하지 못한다는 점에서 "충족 이유의 기하학에는 이르지 못한다."[75]

이런 의미에서 유클리드 기하학에서는 명제가 발생하는 '문제'의 차원이 삭제된 채 명제들 사이의 관계의 체계가 제시되는 것이다. 그리고 이러한 관계의 체계는 '정의'와 '공리'로부터 연역 되기 때문에 들뢰즈는 이를 '공리계'라고 부른다. 이러한 '공리계'가 들뢰즈가 『천 개의 고원』에서 말하는 '왕립 과학'이다.

> "왕립 과학은 … 이러한 '문제 요소'의 범위를 가능하면 대폭 축소해 '정리 요소'에 종속시키려 하는 등 이러한 아르키메데스적인 과학의 모든 움직임을 제한하려고 했다."[76]

반면 들뢰즈가 '유목 과학'이라고 부르는 것은 이념=문제를 중심으로 구성되어 있으며, 이러한 이념=문제는 '사건'과 깊은 관련을 맺고 있다. 예를 들어 유목적 기하학에서는 유클리드 기하학과는 달리

---

75) 『차이와 반복』, 354쪽
76) 『천 개의 고원』, 693쪽

도형은 '변용태'(affect)와 '사건'의 관점에서, 즉 '절단, 삭제, 부가, 투영 등'의 '변형, 변환, 극한으로의 이행'의 관점에서 다루어진다.[77] 이런 의미에서 유클리드 기하학 또는 왕립 과학이 불변의 본질에 의해 작동하는 질서로서 '이성의 질서'를 따른다면 유목 과학은 변용태(affect)의 과학으로서 "변신이나 발생, 창조와 불가분의 관계에 놓여 있다."[78] 즉 유클리드 기하학이 사물의 '본질' 혹은 플라톤적 의미의 '이데아'와 관련 있는 데 반해 들뢰즈의 '이념' 혹은 '문제'는 사건, 변신, 변형, 창조와 관련이 있는 것이다.

과학은 정치적이다. 들뢰즈는 왕립과학이 국가 장치에 포섭되어 있는 반면에 유목 과학의 '문제' 자체가 혁명적 전쟁 기계였다고 말한다. 왜냐하면, 유목 과학은 매끈한 공간과 깊은 관련이 있고, 왕립과학은 홈 패인 공간과 깊은 관련이 있기 때문이다.

> "유목 과학과 전쟁 기계의 수력학 모델에서 물은 소용돌이가 되어 매끈한 공간을 가로질러 퍼져 나가면서 공간을 채우며 모든 지점에 동시에 작용하는 운동을 창출한다. 이와는 반대로 국가 과학에서는 특정한 지점에서 다른 지점으로 이동하는 국지적 운동 속에서 공간에 의해 운동이 장악된다."[79]

---

77) 『천 개의 고원』, 693쪽
78) 『천 개의 고원』, 693쪽
79) 『천 개의 고원』, 697쪽

국가 장치는 유목 과학자들을 항상 통제하려고 했다. 예를 들어 "사건으로서의 문제를 중점적으로"[80] 고찰한 수학자 데자르그에 대한 국가의 통제와 억압이 바로 그것이다. 이것은 비단 17세기에 국한된 이야기가 아니며 오래전에 고딕의 '직인'에 대한 '제국'으로서의 교회의 통제가 존재했다. 들뢰즈에 의하면 로마네스크 양식이 홈 패인 공간에 머물러 있는 반면에 고딕 양식은 매끈한 공간을 정복하고 드러냈다. 그리고 이러한 고딕 양식에 직인이 사용한 수학은 '사건'의 기하학으로서 "소수자 기하학"[81]이었다.

> "돌의 절단은 한편으로는 극한 평면으로 기능하는 지면에 직접 그린 사영도와 불가분의 관계에 있으며 다른 한편으로는 일련의 연속적인 접근법 … 또는 부피가 큰 석괴의 연속적인 변주 계열과도 불가분의 관계에 있다. … 베르나두스는 … 소수자 과학, 즉 수의 논리라기보다는 수의 도형이라고 할 수 있는 사영적 또는 화법적인 아르키메데스의 조작적 기하학의 특성을 이용할 것을 주장했다고 한다."[82]

이러한 유목 과학에서 사람들은 재현하지 않고 다만 '발생'시키며, 이렇게 '발생'되는 것 중에 '방정식'이 있다. 여기서 방정식은 왕립과학에서의 방정식과는 다른 역할을 가지고 있다. 왕립과학에서는 방정식이 플라톤이나 아리스토텔레스의 '이데아'나 '형상'과 같은 것으로서

---

80) 『천 개의 고원』, 700쪽
81) 『천 개의 고원』, 701쪽
82) 『천 개의 고원』, 699쪽

질료를 조직하는 '형식'이라면, 유목 과학에서 방정식은 "질적 계산을 통해 발생 되고 재료들에 의해 창출된다."[83]

여기서 방정식이 '창출'된다는 것은 방정식이 점진적인 규정을 통해 내생적으로 완결된 규정에 이르게 됨을 의미한다. 들뢰즈는 방정식 중에서도 미분방정식을 범례로 삼아 이러한 완결된 규정으로 어떻게 나아가는지를 알아보려 한다. 들뢰즈에 의하면 dx와 dy라는 상징은 무한소가 아니며 오히려 '미규정자'이다. 이 미규정자 사이에 상호적 규정($\frac{dy}{dx}$)가 성립하며 이러한 규정을 통해 특이점들이 규명되어 완결된 규정에 이르게 된다.

$x^2+y^2=R^2$은 일반적 개념이지만 $xdx+ydy=0$은 '원주나 그에 대응하는 함수의 보편자'로서 '이념'이다. 이러한 '이념' 속에서 x, y, dx, dy는 어떤 고정된 양(quantum)도 가변적인(quantitas)도 아니다. 말하자면 이러한 보편적인 이념의 출현을 통해 "직관 상의 양과 개념상의 양, 일반적인 값과 특수한 값이 모두 소거"[84]된다.

그리고 상호적 규정을 통해 $\frac{dy}{dx}$의 값이 규정됨으로써 곡선들의 질적 성격이 규명될 수 있다. 이런 의미에서 보편적 이념이 이 경우에 표현하는 것은 '질화 가능성의 순수 요소'이다. 즉 이러한 미분비는 어떤 질을 생산해 낸다. 이것은 미분비의 등급이나 정도에 곡선의 질이 상응한다는 것을 의미한다. '비율 그 자체의 변이 등급이나 정도'에는 '곡선들의 질화된 계열'이 상응한다.[85] 그리고 이러한 상호적 규

---

83) 『천 개의 고원』, 700쪽
84) 『차이와 반복』, 376쪽
85) 『차이와 반복』, 379쪽

정을 통한 질화 가능성의 획득에 의해 이념으로부터 실재 대상들이 창출될 수 있게 된다. 말하자면 질들이 '발생'함에 따라 질을 가진 실재 대상들이 발생할 수 있게 된 것이다. 이런 의미에서,

> "이념은 이데아적 연관들의 체계로 나타난다. 다시 말해서 상호적으로 규정 가능한 발생적 요소들 간의 미분비들의 체계로 드러나는 것이다."[86]

마지막으로 특이점들을 규명하는 완결된 규정을 통해 순수한 potentialité가 표현된다. 왜냐하면, 이러한 특이점들의 '계열화'를 통해 '의미' 또는 '무의미'가 발생하기 때문이다. 들뢰즈는 다음과 같이 쓴다.

> "계열적 형식의 이점과 필연성은 어디에 있는 것일까? 그것은 그 형식을 통해 복수의 계열들이 포섭될 때 나타나고, 그 계열들이 독특한 점들에 의존할 때 나타난다. … 두 계열은 서로 수렴하거나 접속될 수 있고, 거꾸로 발산할 수도 있다."[87]

이렇게 이념=문제는 내생적으로 완결된 규정성에 도달할 수 있다. 그리고 이러한 문제는 해로서의 명제를 분만한다. 이런 의미에서 이

---

86) 『차이와 반복』, 381쪽
87) 『차이와 반복』, 381쪽

념을 규정하는 것은 '발생적 요소'이다. 들뢰즈는 우리가 유클리드 기하학을 넘어서 리만 기하학으로 나아가야 한다고 말한다. 들뢰즈는 다음과 같이 쓴다.

"유클리드 기하학을 넘어서지 않고서는 혁명은 역시 기대할 수 없다. 어떤 충족 이유의 기하학, 리만적 유형의 미분기하학으로까지 나아가야 하는 것이고, 이 기하학은 연속체에서 출발하여 불연속체를 낳거나 해들의 근거를 문제의 조건 속에서 찾는 경향을 보여준다."[88]

이렇게 '해들의 근거를 문제의 조건 속에서 찾는' 것은 문제가 해들을 발생시키는 '발생적 요소'들을 포함한다는 것을 보여주는 것이다. 즉 '불연속체'와 같은 '실재 대상'을 낳는다는 것은 해들의 '존재의 이유' 혹은 '발생 근거'가 문제 자체에 있다는 것을 말하고 있다.

문제=이념은 이렇게 발생능력을 가질 뿐만 아니라 그 자체로 완결된 규정을 통해서 규명된 특이성들을 통해 '사건과 변용의 질서에 관련'[89]된다. 이런 의미에서 이념은 앞에서 말한 대로 '구체적 보편자'일 뿐만 아니라 '참된 특이성'이기도 하다고 들뢰즈는 강조한다. 이 특이성들의 할당은 하나의 '이념적 사건'을 구성한다. 이 이념적 사건은 요란스러운 현실적 사건 아래에서 이러한 현실적 사건을 조용히 분만한다. 들뢰즈는 다음과 같이 쓰고 있다.

---

88) 『차이와 반복』, 356쪽
89) 『차이와 반복』, 358쪽

"소란스럽게 벌어지는 커다란 사건들 아래에는 소리 없이 일어나는 작은 사건들이 있다. 이는 자연의 빛 아래에 이념의 작은 미광들이 빛나고 있는 것과 같다."[90]

물론 문제는 해들의 '바깥'에서 존재하지는 않지만 해들에 대해 '초월적'인데, 왜냐하면 문제는 해들과 닮지 않았고 해들과 본성상 차이가 나기 때문이다. 미분방정식을 생각해 보면 미분비들은 현실적인 결합관계를 통해서 해들로 구현되는데, 이러한 현실적인 결합 관계는 잠재적인 미분비와 닮지 않는다.

이런 식으로 현실적인 것으로서의 해는 잠재적인 것으로서의 문제로부터 '발생'하지만 잠재적인 것은 현실적인 것과 유사하지 않다. 이것은 문제가 명제와 형식을 공유하지 않는다는 것을 의미하며 더 나아가 문제가 명제의 '가능성의 형식'이 아니라는 것을 의미한다. 잠재적인 것은 현실적인 것의 전사(伝写)가 아니다. 그런데 이렇게 '명제들을 기초로 문제들을 전사'할 때, 우리는 문제 제기적인 것으로서의 이념의 자리에 대립적인 명제들을 놓게 된다. 들뢰즈는 이러한 '헤겔주의'를 넘어서야 한다고 주장한다.

---

90) 『차이와 반복』, 358쪽

4. 지(知)와 이념의 배움

단순하게 말해서 헤겔주의는 변증법을 통해 절대적인 지(知)로 나아가는 운동이라고 볼 수 있다. 즉 헤겔에게 있어서 배움은 "절대지로서의 앎의 이상에 종속되어 있다."[91] 들뢰즈는 '앎'에 의한 평온과 균형의 상태 대신 '배움'의 역동성에 주목한다. 이러한 '배움'이란 나의 인식능력의 '바깥'에 존재하는, 감성적인 것의 '존재'로서 '강도'와 마주침을 통해서 발생한다. 이를 통해 '이념'이 모든 인식능력들을 주파하고, 각각의 인식능력들을 경험적 사용에서 초월적 실행으로 끌어올린다는 것은 앞에서 보았다. 이러한 초월적 실행을 통해 '역설감'에 도달하는 과정은 매우 역동적이다. 들뢰즈는 다음과 같이 쓴다.

"이념을 탐험한다는 것과 인식능력들 각각을 초월적 실행으로 끌어올린다는 것은 결국 똑같은 일이다. 이것은 배움, 본질적인 학습의 두 측면이다. 왜냐하면 배우는 자는 실천적이거나 사변적인 어떤 본연의 문제들을 구성하고 공략하는 사람이기 때문이다."[92]

그리고 무엇인가를 배운다는 것은 문제=이념의 미분적 관계들과 특이성들 안으로 침투한다는 것을 의미한다. 예를 들어 '수영'을 배운다는 것은 내 몸의 특이점들을 '바다'의 이념의 특이점들과 결합한다

---

91) 『차이와 반복』, 364쪽
92) 『차이와 반복』, 361쪽

는 것을 의미한다. 이러한 결합은 잠재적인 층위에서 이루어지는 것이고, 의식되는 현실적인 결합 관계의 지각 아래에서 이루어지는 것이며, 따라서 '배움'의 과정은 무의식을 반드시 경유한다고 들뢰즈는 말한다. 들뢰즈는 다음과 같이 쓰고 있다.

> "이런 결합은 우리에게 어떤 의식의 문턱을 규정하고, 이 문턱의 수준에서 우리의 현실적 행위들은 대상의 현실적 결합관계들에 대한 지각에 맞추어 조정된다. 하지만 정확히 말해서 문제 제기적 이념들은 자연의 마지막 요소들인 동시에 … 미세 지각의 대상, 의식 이하 차원의 대상이다. 그런 까닭에 '배움'은 언제나 무의식의 단계를 거치고 언제나 무의식 속에서 일어나는 것이며…"[93]

이러한 '배움'이 무의식을 반드시 경유한다는 것은 그것이 자발적이거나 능동적이지 않음을 함축한다. 들뢰즈가 말하는 진정한 이념의 배움은 비자발적이고 외부에서 강제되는 폭력에 의해 작동한다. 진정한 배움에는 미리 가다듬은 '방법'이란 존재하지 않고, 오히려 나를 한계까지 몰아세우는 '과격한 훈련, 어떤 도야나 파이데이아'가 존재한다. 들뢰즈는 다음과 같이 '방법'과 '배움'을 대비시킨다.

> "방법은 모든 인식능력들의 협력을 조정하는 앎의 수단이다. 또한 방법은 어떤 공통감의 표출이거나 어떤 자연적인 사유의 실현으로

---

93) 『차이와 반복』, 362쪽

서, 어떤 선한 의지를 전제하고 이 의지는 사유 주체가 '미리 숙고 해서 내린 결정'에 해당한다. 하지만 교양은 배움의 운동, 비자발적 인 것의 모험이다."[94]

물론 '배움'의 중요성은 학교 등에서 중시되고 있는 듯 보이지만, 이러한 '배움'이란 무지에서 앎으로 가는 '중간 단계'에 불과한 것으로서, 학교에서 강조되는 배움의 존엄성은 "앎의 경험적 조건들에 대해 표하는 어떤 경의와 같다."[95] 전통철학에서도 이와 같은 '앎'의 중요성이 강조되었고, 앞에서 본 헤겔이 바로 이러한 경향의 '정점'에 위치한다. 그런데 들뢰즈는 플라톤을 고쳐 씀으로써 '배움'에 대한 새로운 '메논'을 구성할 수 있다고 말한다.

"사실 플라톤에게서 배운다는 것은 그야말로 영혼의 선험적 운동 이고, 이 운동은 앎으로도 무지로도 환원될 수 없다. 사유의 선험 적 조건들은 앎이 아니라 '배움'을 기초로 조성되어야 한다. 플라톤 이 이 조건들을 본유성이 아니라 상기의 형식을 통해 규정하는 것 은 바로 이런 이유 때문이다. … 상기의 대상은 본연의 물음과 문 제들 속에, 해들과는 무관하게 조성되는 문제들의 긴급성 속에, 곧 이념 속에 있다. … 새로운 메논이라면…"[96]

---

94) 『차이와 반복』, 363쪽
95) 『차이와 반복』, 364쪽
96) 『차이와 반복』, 364쪽~365쪽

5. 이념, 다양체, 추상적인 기계

             들뢰즈에 의하면 이념은 잠재적인 다양체이다. 왜냐하면, 다양체는 다양한 미규정적 요소들의 상호적 규정을 통해 스스로 내생적으로 규정되는 어떤 것이기 때문이다. 이런 의미에서 다양체는 일자와 다자간의 이분법을 벗어나 있다. 즉 다양체는 다자의 자기 조직화이다. 그리고 이 조직화는 "어떤 체계를 형성하지만, 이를 위해 결코 어떠한 통일성도 필요로 하지 않는다."[97]

  말하자면 다양체는 n-1로 표시되는데, n은 다자를 의미하고 1은 다자를 초월하는 일자에 의해 부여된 통일성을 의미한다. 즉 다양체는 "n에 통일성을 부여하고 체계에 대해 별개의 차원에 있는 것처럼 보이는 일자를 배제"[98]한다. 그리고 들뢰즈는 『천 개의 고원』에서 이러한 보충적 차원에 존재하는 일자를 배제하는 다양체를 '리좀'이라고 표현한다.

  그리고 이러한 잠재적 다양체로서의 이념은 다양한 시공간적 결합 관계 속에서 현실화되는데, 이것은 '이념'으로부터 현실이 발생한다는 것을 의미한다. 그리고 이념과 이로부터 발생하는 현실은 서로 닮지 않았다. 이렇게 현실을 생산해 내는 '이념'으로서의 다양체를 들뢰즈는 『차이와 반복』에서 '구조'라고 부른다. 이런 의미에서 들뢰즈는 '구조주의'야말로 발생론적이라고 말한다. 이러한 구조로부터 현실적인

---

97) 『차이와 반복』, 398쪽
98) 김상범, 「들뢰즈의 이념적인 놀이」, 연세대학교 대학원 석사학위 논문, 2023. 8. 61쪽

것의 발생을 들뢰즈는 정적 발생이라고 부른다. 그런데 이러한 '구조'
로서의 이념들에는 다양한 수준들이 있으며, "이 이념들 각각은 자신
의 수준에 따라 유기체, 정신현상, 언어, 사회들 등에 상응한다."[99]

먼저 생물학적인 수준의 이념이 존재한다. 예를 들어 조프루아 생
틸레르는 모든 동물은 '이념'으로서의 추상적인 동물의 표현이라고 말
한다. 생틸레르에 의하면 우리는 형식이나 기능과 무관한 미규정적인
요소들로서 추상적인 요소들 사이의 "상호적 규정의 이념적 관계나
비율들"[100]에 의한 결합으로서 동물을 파악해야 하고, 이러한 추상
적인 동물이 존재하기에 하나의 구체적인 동물에서 '접기'를 통해 다
른 구체적인 동물로 이행할 수 있다고 말한다.

> "유기체 지층에서 한 형태가 다른 형태로 옮겨갈 때에는 항상 '접
> 어 넣기'를 통해 갈 수 있다는 점이 동형성의 존재를 증명해 줍니
> 다. … 예를 들어 척추동물에서 두족류로 가는 경우에도 척추동
> 물의 등뼈 양 끝부분을 갖다 붙여서 머리를 발 쪽으로 가져가고
> 골반을 목덜미 쪽으로 가져가면 되는 것입니다. … 지층 전반에 걸
> 쳐 실현되고 있는 것은 동일한 〈추상적인 동물〉입니다."[101]

이러한 추상적인 동물과 마찬가지로 모든 지층에는 '추상적인 기계'

---

99) 『차이와 반복』, 401쪽
99) 『차이와 반복』, 401쪽
100) 『차이와 반복』, 403쪽
101) 『천 개의 고원』, 97쪽~98쪽

64 | 들뢰즈 사상의 9가지 테마

가 존재한다. 이러한 추상적인 기계는 오로지 속도[102]에 의해서만 구별되는 추상적인 요소들 사이에 느림과 빠름, 정지와 운동의 일정한 비율(혹은 미분적 관계)이 성립될 때에 구성된다.

들뢰즈가 들고 있는 또 다른 사례는 바로 언어학적 이념이다. 『차이와 반복』에서의 들뢰즈에 의하면 언어는 '음소'라는 미분적 요소들 사이의 상호적 규정을 통해 완결된 규정에 도달하는 이념이다. 이 언어학적 이념에서 음소는 물리적인 소리가 아닌 추상적인 요소이다. 이러한 요소들 사이의 관계의 체계로서 언어학적 이념은 다양체이자 문제 제기적인 것으로서 '의미작용'이라는 해를 분만한다. 이런 의미에서 들뢰즈는 언어학적 이념에는 '부정'이나 '대립'이 필요 없으며, 단지 '차이'가 존재할 뿐이다. 들뢰즈는 많은 언어학자가 설정하는 대립은 "복잡하거나 마구 주름 잡히는 변별화의 메커니즘"[103]으로 대체된다고 말한다.

말하자면 모순과 대립의 아래에는 차이들이 우글거리고 있으며 대립은 차이의 외양에 불과하다. 들뢰즈는 언어가 대립의 체계로 보이는 것은 언어를 '바깥'에서 재현할 때라고 말한다. 왜냐하면 (언어학적) 무의식 속에 '대립'은 있을 수 없고, 대립은 의식적 재현에 의해서만 부여되는 것이기 때문이다. 이런 의미에서 들뢰즈는 언어를 대립 체계로 인식하는 것은 말을 하는 사람이 아닌 청자, 더 나아가 '잘못 알아듣는 사람'의 입장에서 이야기하는 것이라고 말한다. 더 노골적

---

102) 들뢰즈는 '속도'를 '미분적인 차이'라고 직접 언급하고 있다(『천 개의 고원』, 102쪽).
103) 『차이와 반복』, 440쪽

으로 말하자면 외국인의 관점에서 이야기하는 것이다. 외국인은 "현 실적으로 가능한 복수의 번역들 사이에서 주저"[104]하며 의식을 많이 사용하기 때문이다. 그리고 헤겔의 체계가 그렇듯이 이러한 대립과 모순의 체계는 우연과 차이를 긍정하지 못한다. 이런 의미에서 들뢰 즈는 다음과 같이 쓰고 있다.

> *"우리는 언어의 유희적 본성을 배반한 셈이 아닐까? 다시 말해서 언어학적 주사위들이 만들어내는 그 조합의 의미, 그 주사위들이 동반하는 명법들의 의미, 언어학적 주사위 놀이 자체의 의미를 배반한 것이 아닐까?"[105]*

이런 의미에서 들뢰즈는 차이냐 대립이냐의 물음은 사소한 물음이 아니며, "언어의 본질이나 언어학적 이념의 본질과 관련된 물음"[106] 이라고 말한다. 들뢰즈는 '차이'와 '긍정'의 언어학이 귀스타브 기욤 (Gustave Guillaume)에 의해 제시되었다고 말한다. 즉 기욤은 언어를 대립의 체계로 보지 않고 '변별적 위치의 체계'로서, 위상학적으로 고 찰했다. 들뢰즈는 구조주의가 이런 의미에서 하나의 '위상학'이라고 말 한다. 위상학의 '자리'는 현실적이거나 상징적인 자리가 아니며, "외연 이 없는, 외연 이전의 공간"[107]이자 "이웃 관계의 질서로 구성된 순수

---

104) 『차이와 반복』, 442쪽
105) 『차이와 반복』, 442쪽
106) 『차이와 반복』, 442쪽
107) 『의미의 논리』, 523쪽

'spatium'"[108]이라고 말한다. 이러한 위상학적 '자리' 혹은 '위치'는 그 자리에 들어서는 구체적이고 현실적인 사물 혹은 사람에 선행한다. 이러한 위상학적 공간 안에서 변별적 위치들은 각각 하나의 특이점이다. 이런 의미에서 변별적 위치들을 결정하는 것은 '이념'의 완결된 규정에 의해서 이루어지고, 이러한 '자리'로서의 특이점들 사이의 유목적 분배 혹은 조합을 산출하는 놀이를 우리는 '주사위 놀이'라고 명명한 바 있다. 따라서 "사고한다는 것은 주사위를 던지는 것이다."[109]

6. 이념, 물음, 주사위 놀이

　　　　문제가 '이념' 또는 '이념적 사건'과 관련 있다면, 물음은 '우발점'으로서 '대문자 사건'과 관련이 깊다. 이런 의미에서 '물음'이 '문제'보다 더 심오하고 중요한 것으로 고려될 수 있지만, 만약 감성을 타격하는 기호에 의해 출현하고 모든 인식능력을 주파하며 그 폭력을 전달하는 '이념'이 출몰하지 않는다면 '물음'은 "단조로움과 취약성에 빠져있는 어떤 새로운 상식"[110]에 지나지 않을 것이다. 이런 의미에서 '물음'이 진정한 '물음'이 되기 위해서는 문제 제기적인

---

108) 『의미의 논리』, 523쪽
109) 『의미의 논리』, 528쪽
110) 『차이와 반복』, 423쪽

장에서 전개되어야 한다.

문제나 이념은 '모험의 명법'으로부터 유래한다. 이러한 명법은 '우연의 절대적 긍정'을 의미한다. 그리고 대문자 사건으로서 우발점은 물음들로 현시된다. 그리고 우연의 절대적 긍정이 대문자 사건의 절대적 긍정과 같은 것이기에, '우연의 긍정'은 명법의 의미인 동시에 물음의 의미이기도 하다. 이러한 '모험'과 '우연'의 긍정은 곧 이념적인 놀이, 혹은 주사위 놀이다. 그리고 이러한 이념적인 놀이로서의 주사위 놀이에서는 "모든 조합, 그리고 그 조합을 산출하는 각각의 던지기(놀이)는 우발점의 움직이는 장소와 명령에 정확하게 일치하는 본성을 가지고 있"[111]는데, 왜냐하면 '던지기'의 결과로 나타나는 특이점들의 유목적 분배로서 '이념'이 함축하고 있는 '이념적인 사건'들이 대문자 사건 속에서 서로 소통하기 때문이다.[112]

그리고 이념=문제를 점진적으로 규정하기 위해서는, 그래서 '이념적 사건'이 완결된 규정에 도달하기 위해서는 '결단(fiat)'이 필요하다. 즉 앞에서 말한 체(field)에 어떤 수를 첨가하여 문제를 점진적으로 규정할 것인가에 대한 '자유로운 결정'이 필요하다.

"자유로운 결정 능력은 해결해야 할 문제들의 본성 안에 근거를 두고 있고, 이 능력의 사용은 체에 수를 부가하는 것과 응축이라

---

111) 『차이와 반복』, 429쪽
112) 들뢰즈는 분명히 이념들을 "던지기(놀이)들의 결과로 따라 나오는 문제 제기적 조합들"로 파악한다(『차이와 반복』, 428쪽).

는 두 가지 근본적인 절차 안에서 최고 수준에 이른다."[113]

또한 우연과 모험을 절대적으로 긍정하는, 그럼에도 '결단'에 의해 작동하는 주사위 놀이는 '반복'과 깊은 관련이 있다. 들뢰즈에 의하면 "이념의 미분적 차이는 이미 주사위 놀이를 정의하는 반복의 절차와 분리될 수 없다."[114] 이러한 반복을 통해 "특이성들 상호 간의 재취합과 응축"[115]이 일어난다. 이러한 특이성들의 재취합과 응축은 비단 같은 이념=문제 내에서뿐만 아니라 한 문제에서 다른 문제로 이어지면서도 이루어진다. 이러한 특이성들의 던짐은 우발점에 의해 서로 소통하면서 공명한다. 이러한 특이성들의 소통을 통해 하나의 특이성은 다른 특이성의 분신이 되고, 각각의 특이성들의 별자리는 다른 특이성들의 별자리의 재분배가 된다.

이러한 재취합이나 재분배가 '반복'으로 인식되려면 역설적으로 선행하는 동일성이 모두 폐지되어 있어야 한다. 이러한 영원회귀는 권력의지의 세계를 통해 언명된다. 들뢰즈는 다음과 같이 쓴다.

"권력의지가 아니라면 도대체 영원회귀 안의 반복은 무엇을 통해 언명될 수 있단 말인가? 그 반복은 권력의지의 세계를 통해 언명된다. 그 권력의지의 명법들을 통해, 그 의지의 주사위 놀이를 통

---

113) 『차이와 반복』, 428쪽
114) 『차이와 반복』, 434쪽
115) 『차이와 반복』, 434쪽

해, 던지기에서 비롯되는 문제들을 통해 언명되는 것이다."[116]

들뢰즈는 하이데거의 개념으로 볼 때 '존재자'가 차이라면 '존재'는 반복(영원회귀)이라고 말한다.

7. 결론: 마주침의 우연성과 사유의 필연성

자발적인 지성에 의한 사유가 도달하는 곳은 결국 명시적이지만 임의적인 진리에 불과하다. 즉 자발적 지성이 만들어낸 진리는 '논리적 진리, 가능한 진리'이며, 규약에 복속된 진리이다. 자발적 지성은 객관성을 확보하기 위해 이러한 명료하게 전달 가능한 진리 이외의 것은 철학 바깥으로 밀어내려 하지만 프루스트와 들뢰즈는 이러한 쉽게 소통 가능한 진리는 진정한 진리가 아니라고 말한다. 들뢰즈는 다음과 같이 쓴다.

"오로지 규약적인 것만이 명시적일 수 있다. 다시 말해 우정처럼 철학은, 사유에 영향을 주는 실제적인 힘들과 우리에게 사유하도록 〈강요하는〉 결정들이 만들어지는 어두운 지대를 모른다. … 철

---

116) 『차이와 반복』, 436쪽

학의 진리들에는 필연성과 필연성의 표식이 결여되어 있다. 사실, 진리는 전달되지 않고 누설된다. 진리는 전달되지 않고 해석된다. 진리는 의도적인 것이 아니라 비자발적인 것이다."[117]

오히려 진리와 사유의 필연성을 보장하는 것은 '기호' 혹은 '강도'와의 마주침의 우연성이다. 그리고 프루스트에 의하면 어떤 기호들(예술의 기호들)이 감성에 행사하는 폭력은 순수사유로 하여금 '본질'에 도달하도록 만든다. 이때 본질이란 주체의 본질이나 대상의 본질이 아닌, '존재'의 본질이다. 이러한 본질은 "하나의 차이, 궁극적이고 절대적인 차이"[118]이며, 이러한 절대적인 차이는 경험적 차이는 아니라고 들뢰즈는 말한다. 즉 이것은 모든 차이 나는 것들을 생산해 내는 영원회귀라고 볼 수 있다. 이런 의미에서 들뢰즈는 '차이'와 '반복'이 본질의 두 힘(puissance)이라고 말한다. 들뢰즈는 다음과 같이 쓰고 있다.

"차이와 반복은 겉으로만 대립될 뿐이다. … 차이와 반복은 뗄 수 없고 서로 상관적인 본질의 두 힘이다."[119]

이러한 '본질'은 들뢰즈의 이후 사유에서 우발점에 봉인된 어떤 것

---

117) 질 들뢰즈, 『프루스트와 기호들』, 서동욱·이충민 옮김, 서울: 민음사, 2016, 142쪽~143쪽
118) 『프루스트와 기호들』, 72쪽
119) 『프루스트와 기호들』, 82쪽~83쪽

이라고 볼 수 있다. 들뢰즈는 실제로 『차이와 반복』에서 다음과 같이 쓰고 있다. "이 우발점에는 모든 본질들이 마치 사유의 미분들인 양 봉인되어 있다."[120] 그리고 프루스트와 들뢰즈는 '기호'나 '강도'의 우연한 돌발에 의해 본질 또는 우발점에 필연적으로 도달할 수 있다고 밝힌다는 점에서 '마주침의 우연성'이 '사유의 필연성'을 보장한다고 말하고 있다. 들뢰즈는 다음과 같이 쓴다.

"본질들은 우리에게 사유하기를 강요하려고 기호 속에 감싸여 있으며, 필연적으로 사유되기 위해 의미 속에 펼쳐진다. 상형문자는 어디에나 있다. 이 상형문자의 상징은 두 겹으로 되어 있다. 마주침의 우연성과 사유의 필연성이 바로 그것이다. 상형문자는 〈우연하고도 필연적인〉 것이다."

---

120) 『차이와 반복』, 321쪽

참고 문헌

김상범, 「들뢰즈의 이념적인 놀이」, 연세대학교 대학원 석사학위 논문, 2023.8.

질 들뢰즈, 『차이와 반복』, 김상환 옮김, 서울: 민음사, 2011

질 들뢰즈, 『칸트의 비판철학』, 서동욱 옮김, 서울: 민음사, 2006

질 들뢰즈, 『프루스트와 기호들』, 서동욱·이충민 옮김, 서울: 민음사, 2016

질 들뢰즈, 펠릭스 가타리, 『천 개의 고원』, 김재인 옮김, 서울: 새물결, 2003

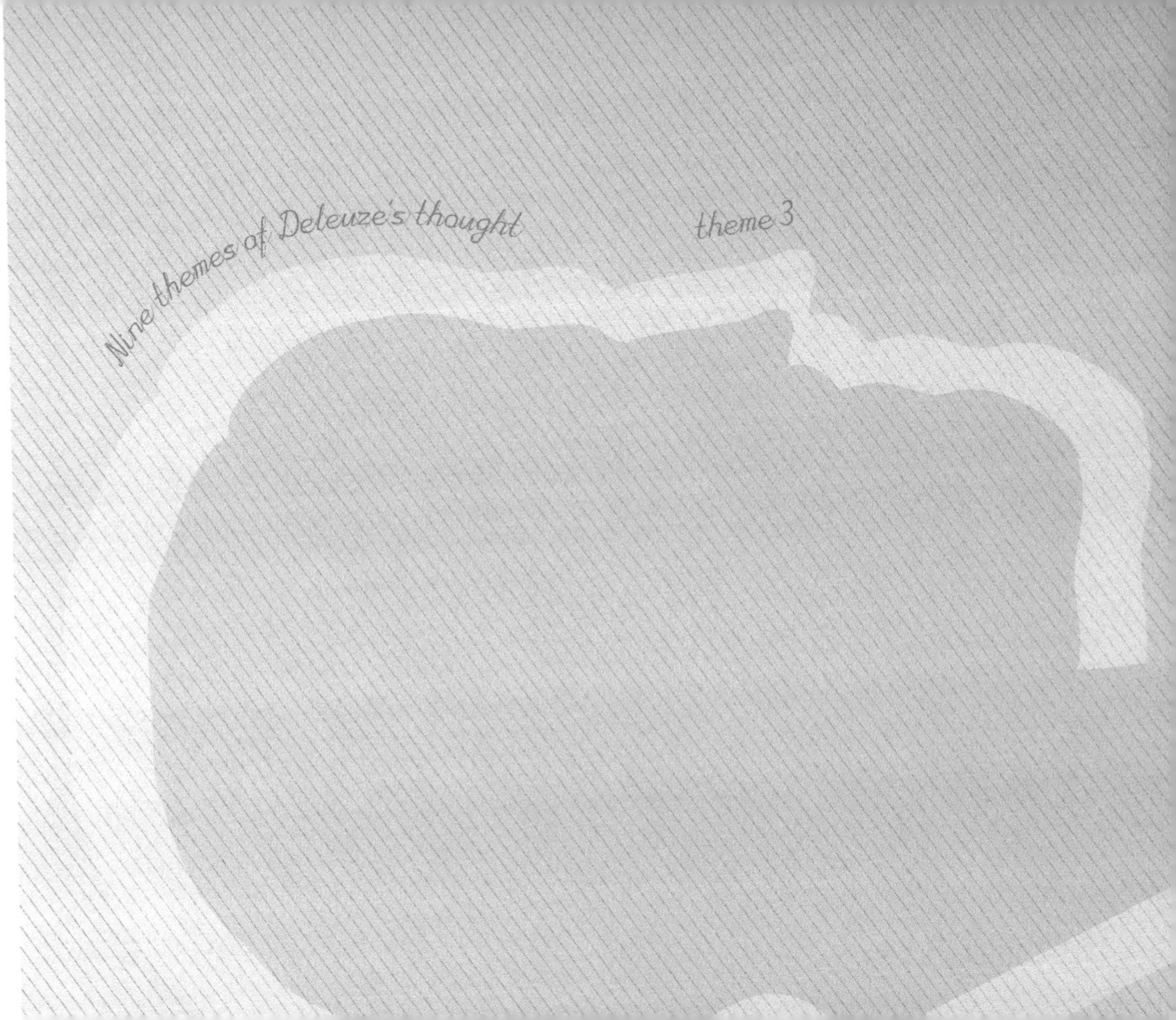

Nine themes of Deleuze's thought

theme 3

시간의

수동적 종합

1. 서론

　　　　　　시간이 수동적으로 종합된다는 것은 무엇을 의미하는가? 그것은 시간이 의식에 의해 종합되지 않고 무의식에 의해 종합된다는 것을 의미한다. 들뢰즈에 의하면 시간에 관련된 무의식은 세 겹의 층위로 이루어져 있다. 이 세 겹의 층위 중 가장 표피적인 것은 '습관의 수동적 종합'으로서의 현재이고, '기억의 수동적 종합'으로서의 과거가 중간이며, 가장 근원적인 층위에는 '영원회귀'로서의 미래가 자리한다.

　　그리고 이러한 무의식의 세 층위를 설명하기 위해서 들뢰즈는 정신분석학의 담론들을 차용한다.

2. 현재: 습관의 수동적 종합

　　　　　　대상이 AB, AB, AB…와 같이 반복될 때 대상에서 변화되는 것은 없지만, 정신에는 무엇인가가 변화하고 있다. 그렇지 않다면 우리는 '첫 번째'와 '두 번째'를 구별할 수 없을 것이고, '동일한 대상이 반복된다.'라고 말할 수 없을 것이다. 즉 순간 동안만 지속되는 '순간적 정신'은 생성되는 가운데 소멸되는 대상의 '반복'을 포착할 수 없을 것이다. 그리고 우리는 이와 같은 반복 속에서 A가 나타날 때 그 다음에 바로 B가 나타날 것이라고 기대할 것이다. 이러한 '기대'는 대상이 반복하여 출현하지 않았다면 존재하지 않았을 것이다. 이런 의미에서 반복은 "응시하는 정신 안에서"[121] 어떤 변화를 낳는다.

이것은 상상력이 단순히 "동일성도 없고 법칙도 없는 운동이자 변화"[122]에 불과했다면 불가능했을 것이다. 흄에 의하면 상상력은 연합의 원리에 수동적으로 감응함으로써만 카오스에서 벗어나 하나의 인식능력이 된다. 그리고 연합을 산출하는 것은 바로 '습관'이다. 그리고 습관에 의해 인식능력이 된 상상력을 통해 "경우, 요소, 진동, 동질적 순간들"[123]이 수축된다. 이러한 수축은 지성이나 의식의 능동적 반성에 의한 것이 아니며, 오히려 하나의 수동적 종합을 이루어낸다. 말하자면 이 수축적 종합이 수동적인 종합인 것은 그것이 정신 안에서 이루어지는 것이지, 정신에 의해서 이루어지는 것이 아니기 때문이다. 그리고 이러한 수축은 정신 안에서 변화(차이)를 만들어내고, '첫 번째'와 '두 번째', '세 번째' 등을 구별하게 만든다는 점에서 정신은 반복 안에서 '차이'를 '훔쳐낸다.'

습관의 수동적 종합 안에서의 순간들의 수축은 '살아 있는 현재'를

121) 질 들뢰즈, 『차이와 반복』, 김상환 옮김, 서울: 민음사, 2011, 170쪽
122) 질 들뢰즈, 『경험주의와 주체성』, 한정헌·정유경 옮김, 서울: 난장, 2012, 172쪽
123) 『차이와 반복』, 170쪽

구성하는데, 이러한 현재는 특수한 것에서 일반적인 것으로 나아감을 통해 "시간의 화살에 방향을 부여"[124]한다. 즉 현재는 이전의 특수한 사례를 통해서 '이후'의 "생생한 규칙"[125]으로서 일반적인 것을 형성하는 능력이 있다. 그런데 이러한 수축에도 수준의 차이가 존재한다. 흄이 다루는 것은 감성적이고 지각적인 종합이지만, 근저에는 유기체적 종합이 존재한다. 들뢰즈는 다음과 같이 쓴다.

"우리는 수축된 물, 흙, 빛, 공기이다. 우리는 그것들을 식별하거나 표상하기 전에, 심지어 그것들을 느끼기 전에 이미 수축된 물, 흙, 빛, 공기이다."[126]

그리고 이러한 '습관'에 의한 '수축'의 유기체적인 종합은 이미 식별, 표상, 느낌 이전에 존재하므로 수동적인 종합일 수밖에 없다. 이런 의미에서 들뢰즈는 '행동주의적인' 심리학을 비판한다. 들뢰즈에 의하면 '습관'이 형성되는 것은 행동에 의해서가 아니라 '응시'에 의해서이다. 그리고 이러한 '응시'의 수축마다 하나의 애벌레 자아가 존재한다. 이 애벌레 자아는 '응시'를 통해 쾌락을 맛본다. 그리고 "행위하는 자아 아래에는 응시하는 작은 자아들이 있다."[127] 즉 능동적 자아 아래에는 '응시'를 통해 작은 차이를 '훔쳐내는' 애벌레 자아들이 존재한

---

124) 『차이와 반복』, 171쪽
125) 『차이와 반복』, 171쪽
126) 『차이와 반복』, 175쪽
127) 『차이와 반복』, 181쪽

다. 그리고 흥미롭게도 들뢰즈에 의하면 이러한 자아는 자신이 훔쳐낸 차이에 대한 '소유권'을 주장한다. 들뢰즈는 다음과 같이 쓴다.

"수동적 자아가 있는 것은 바로 어떤 소유를 통해서이다. 수축은 어떤 주제넘은 자만, 경쟁적 지망이다. 다시 말해 수축은 자신이 수축하는 것에 대한 기대나 권리를 표명하고 자신의 대상이 자신을 벗어나자마자 와해된다. 사뮈엘 베케트는 자신의 소설 전체를 통해 애벌레 주체들의 피곤과 정념 안에서 탐닉하게 되는 소유물들의 목록을 서술했다."[128]

3. 과거: 기억의 수동적 종합

　　　　　그러나 습관에 의한 현재의 수동적인 종합은 불충분하다. 현재는 과거를 특수한 사례로서, 미래를 일반적인 규칙으로서 구성하지만, 이러한 현재가 '지나가지' 않는다면 시간의 흐름은 정지될 것이기에, 이러한 '지나감'을 가능케 하는 또 다른 시간의 차원이 필요하다. 들뢰즈에 의하면 이 시간의 차원은 바로 '과거'이다.
　우리는 과거가 한때 현재였다가 새로운 현재가 등장함에 따라 과거

---

128) 『차이와 반복』, 187쪽

가 된다고 믿을 수 없다. 만약 과거가 과거이기 위하여 새로운 현재를 기다려야 한다면, "사라진 현재는 결코 이행할 수 없으며 새로운 현재 또한 도착할 수 없을 것이다."[129] 과거는 한때 현재였던 그 순간에 동시에 과거여야 한다. 이것이 들뢰즈가 말하는 '과거의 첫 번째 역설'이다.

이 첫 번째 역설로부터 우리는 새로운 '현재' 자체가 과거 전체와 공존한다는 사실을 알 수 있다. 왜냐하면, 과거가 자신이 한때 구가했던 현재와 동시간적이라면 새로운 현재는 과거 전체와 공존한다는 결론이 도출되기 때문이다. 이것이 '과거의 두 번째 역설'이다.

또한 과거는 현재를 지나가게 하지만, 이러한 현재로 환원되지 않기에 '순수 과거'는 지나가지도, 생겨나지도 않는다. 즉 "결코 현재였었던 적이 없는 어떤 과거"[130]가 존재한다. 이런 의미에서 과거는 지나가는 현재에 선행하며, 이 순수 과거 혹은 즉자적 과거의 요소는 결코 현재 속에서 '재현'되지 않는다. 이것이 '과거의 세 번째 역설'로서 '선재(先在)의 역설'이다.

이 순수 과거의 존재는 기억으로서의 과거가 현재의 어떤 공간 안에 보존되는 것이 아니라 순수 기억, 즉 과거 자체 안에 보존됨을 의미한다. 게다가 현재는 순수 과거의 지극한 수축에 불과하다. 여기서 보듯이 습관의 수동적 종합에서 살아있는 '현재'는 서로 독립적인 요소들의 수축이었다면, 기억의 수동적 종합에서 현재는 '과거 전체'의 수축인 것이다. 이뿐만 아니라 과거 전체는 자신의 수축된 정도들과 공존한다. 즉,

---

129) 『차이와 반복』, 193쪽
130) 『차이와 반복』, 194쪽

"이 과거 전체가 이완과…… 수축의 상이한 정도들에서 자기 자신과 공존해야 할 것이다."[131]

이런 의미에서 기억의 수동적 종합에서 '차이'란 수축과 이완의 정도의 차이이며, 각각의 수축과 이완의 레벨(수준)에서 '똑같은 삶'이 '반복'된다고 말할 수 있다. 이런 의미에서

"선택된 수준은 그 자체로 수축되어 있거나 팽창되어 있으며, 무한히 많은 다른 수준들 가운데 하나이다. … 하나의 삶은 다른 수준에서 다시 취할 수 있다. 이는 마치 철학자와 돼지, 범죄자와 성인이 거대한 원뿔의 서로 다른 수준에서 똑같은 과거를 연출하는 것과 같다."[132]

이와 같이 베르그송의 원뿔 도식은 기억에 의한 차이의 '종합'을 잘 나타내고 있다. 들뢰즈는 습관의 수동적 종합과 기억의 수동적 종합 모두 의식의 반성을 거치지 않는다는 점에서 재현을 비껴가 있으며, '재현 이하의 사태'라고 말한다. 그럼에도 불구하고 둘 사이에는 간극이 존재한다. 앞에서 순수 과거는 어떠한 종류의 현재로도 환원이 불가능하다고 말했었다.

프루스트의 『잃어버린 시간을 찾아서』의 주인공이 마들렌을 먹을 때 나타나는 콩브레의 현전이 이를 잘 보여준다. 들뢰즈는 이와 같은 '비자

---

131) 『차이와 반복』, 196쪽
132) 『차이와 반복』, 198쪽

발적 기억'에 의한 순수 과거의 현전에서 콩브레는 한 번도 체험된 적이 없었던 것으로 나타난다고 말한다. 들뢰즈는 다음과 같이 쓰고 있다.

> "콩브레는 … 결코 체험된 적이 없었던 광채 안에서, 이중의 환원 불가능성을 드러내는 어떤 순수 과거로 다시 나타날 뿐이다. 이 순수 과거는 자신이 언젠가 구가했던 현재로도, 언젠가 구가할 수도 있을 현행적 현재로도 환원되지 않으며…."[133]

4. 영원회귀: 미래의 수동적 종합

이런 의미에서 순수 과거는 현재화할 수도 재현할 수도 없으면서 현재와 재현의 근거가 되는 현상의 배후에 있는 '이데아'이다. 그리고 원뿔의 단면으로서의 각각의 원은 이 '이데아'의 수축을 표현한다. 그런데 이러한 수축의 정도는 이 이데아와의 유사성의 정도를 나타낸다. 이뿐만 아니라 이러한 수축을 통해 이 순수 과거는 신화적인 옛 현재로 표상되기도 한다. 즉 이런 의미에서 이 기억의 수동적 종합에서 재현의 원리인 동일성과 유사성은 '높이 고양'된다. 즉,

---

133) 『차이와 반복』, 200쪽

"동일성은 아득한 태고의 원형이 지닌 특성이 되고, 유사성은 현재의 이미지가 지닌 특성이 된다."[134]

말하자면 '잠재적인 것'으로서의 근거는 현실적인 것으로서의 근거 지어진 것과 유사하게 되는 것이다. 들뢰즈는 언제나 이러한 유사성이 사실은 근거가 근거 지어진 것의 이미지에 기초해 '전사'되어 만들어진 허구라고 말한다.

이런 의미에서 기억의 수동적 종합은 불충분하다. 이런 의미에서 세 번째 시간의 종합이 요청된다. 이 세 번째 종합은 '미래'로서의 영원회귀이다. 이러한 시간은 물체의 운동 주기에 의해 측정되는 시간이 아니라 칸트적 의미의 '텅 빈 형식으로서의 시간'이다. 이러한 '텅 빈 형식으로서의 시간'이 드러나는 것은 시에서 '휴지(Césure)'에 의해 각운이 중단되듯이 어떤 결정적인 사건에 의해 "시간의 빗장이 풀리는"[135] 일이 일어남으로써 시간의 동등하지 않은 분배가 발생함을 통해서이다. 이러한 빗장이 풀린 시간은 더 이상 운동에 종속되어 있지 않고, 이제 '미친 시간'이 된다.

이러한 시간은 이제 고정된 운동 주기에 의해 측정되지 않기에, 기수적이지 않고 서수적이다. 즉 순서를 갖게 된다. 그리고 시간이 운동에 종속되어 있지 않기에 시간의 동등하지 않은 분배는 "불가피하게 정태적"[136]이다. 시간은 가장 급진적인 변화 불변의 형식이 된다.

---

134) 『차이와 반복』, 207쪽
135) 셰익스피어의 『햄릿』에 나오는 유명한 대사로, "The time is out of joint."
136) 『차이와 반복』, 209쪽

이렇게 시간이 빗장에서 풀려나게 한 '휴지'는 "시간 전체에 부합하는 단일하고 무시무시한 사건의 이미지"로서 어떤 행위의 이미지 안에서 규정되어야 한다. 이러한 이미지는 동등하지 않은 것에서 공통적인 것을 발견하는 것이 아니라 비동등한 것을 비동등한 것으로 회집한다. 이러한 회집에 의해 시간의 집합이 구성된다.

이뿐만 아니라 시간은 과거-현재-미래의 계열을 구성하는데, 여기서 과거, 현재, 미래는 경험에 의해 분배되는 것이 아니며, 자아가 행위의 이미지를 벅차하는 것이 과거, 행위에 필적하게 되는 동등하게 되기의 시간이 현재, 그리고 이 행위의 일관성에 의해 자아의 일관성이 파괴되는 시간이 미래로 규정된다. 특히 '미래'가 중요하다.

> "이 일관성은 사건과 행위에 필적할 수 있게 된 자아에 등을 돌리고, 자아를 수천 조각으로 쪼개어 투사한다."[137]

들뢰즈는 이러한 계열상의 세 번째 시간으로서의 '미래'가 영원회귀라고 말한다. 왜냐하면, 이 세 번째 시간에서 사건의 일관성이 나, 자아, 세계, 신의 일관성과 동일성을 파괴하기 때문이다. 이런 사건=행위는 "시간의 빗장을 풀기, 태양을 폭파하기, 화산 속으로 뛰어들기, 신이나 아버지를 죽이기"[138] 등으로 표현된다. 그리고 이러한 사건 이후의 세 번째 시간으로서의 영원회귀는 '절대적으로 새로운 것'을 생

---

137) 『차이와 반복』, 210쪽~211쪽
138) 『차이와 반복』, 210쪽

산해 낸다.

이러한 계열상의 세 번째 시간의 관점에서 과거와 현재는 절대적으로 새로운 것으로서 행위를 낳기 위한 조건과 행위자를 형성하는 반복이다. 그리고 '휴지(Césure)'에 도래하는 절대적으로 새로운 사건=행위에 의해 이러한 반복으로서의 조건과 변신하는 행위자가 모두 파괴된다. 들뢰즈는 다음과 같이 쓴다.

> "반복적 사실들이 역사 안에 있다기보다는 오히려 반복이 새로운 무언가가 실제적으로 산출되기 위한 역사적 조건이다. … 가령 혁명가들은 어떤 반복을 통해 행동을 시작한다. … 반복은 반성의 개념이기 이전에 행위의 조건이다. 우리는 한번은 과거를 구성하는 이 양태에 따라 반복하고, 그다음번에는 변신의 현재 안에서 반복한다는 조건에서만 어떤 새로운 것을 생산할 수 있다. … 영원회귀는 조건도 행위자도 돌아오게 하지 않는다."[139]

여기서 과거의 '조건'이란 사건=행위의 결핍에 의한 조건이며, 행위자는 현재 변신하는 행위자이다. 그리고 영원회귀는 '행위'가 조건과 행위자로부터의 자율적이라는 것을 의미한다. 그리고 이러한 '절대적으로 새로운 것'의 탄생으로서 영원회귀를 통해서만 과거를 결핍에 의한 조건으로, 현재를 행위자의 변신으로 바꾸어 놓을 수 있다. 그리고 '미래'로서의 영원회귀에 의해 '절대적으로 차이 나는 것'이 생산된다. 이

---

139) 『차이와 반복』, 212쪽

런 의미에서 "반복의 대자 존재는 이제 차이의 즉자 존재가" 된다.[140]

미래로서의 영원회귀가 수동적 종합인 이유는 이렇게 행위가 행위자를 파괴하며(수동성), 시간의 순서, 집합, 계열을 구성하기 때문이다(종합).

5. 정신분석의 관점에서 본 습관의 수동적 종합

프로이트에게 있어서 '쾌락'은 '자유로운 차이'로서 흥분에서 발생하는 것이 아니라 그 흥분의 해소에서 발생한다. 이러한 '자유로운 차이'는 강도적 차이를 의미하며, 이러한 차이를 분배하는 일종의 강도적 장(場)이 존재한다. 들뢰즈는 이러한 강도적 장을 '이드의 첫 번째 층'이라고 말하며, 이 장 속에서 차이가 국소적으로 해소되는 곳에서 쾌락이 발생한다고 말한다. 그러나 이러한 쾌락의 발생에 아무런 질서가 없다면 쾌락은 '원칙'이 될 수 없다. 쾌락이 원칙이 되기 위해서는 우선 '자유로운 차이들'이 묶여야 하고, 그럼으로써 이 흥분이 "체계적으로 해소"[141]되어야 한다. 들뢰즈는 이렇게 차이들을 묶는 것이 습관의 수동적 종합에 있어서 '수축'이라고 말한다. 이러한 '수축'에 의해

---

140) 『차이와 반복』, 217쪽
141) 『차이와 반복』, 221쪽

'통합의 국면'으로 나아감을 통해 "이드의 두 번째 층"[142]이 형성된다.

들뢰즈는 이러한 '묶음'이 있는 곳마다 응시, 수축하는 애벌레 자아가 있다고 말한다. 이런 의미에서 많은 애벌레 자아들이 이드에 서식하게 된다. 그리고 이 자아들은 나르시시즘에 빠지는데, 이러한 나르시시즘은 자기 응시가 아니며, 오히려 다른 대상을 응시함으로써 "충만하게 차오르는 어떤 자기 이미지"[143]의 형성이다. 그리고 이러한 수축 혹은 묶기는 앞에서 보았듯이 습관에 의해서 이루어진다. 그리고 묶기에 의해 즉각적인 쾌락이 지연되지만 동시에 흥분을 체계적으로 해소함으로써 '원리로서의 쾌락'을 가능케 한다는 점에서, 습관의 수동적 종합은 쾌락원칙에 선행하고 쾌락원칙을 넘어서 있다. 들뢰즈는 다음과 같이 쓰고 있다.

"습관은 오히려 쾌락원칙에 선행하며, 그 원칙이 가능하도록 만들어준다. 쾌락의 관념도 이 습관에서 생긴다."[144]

그리고 이러한 습관의 수동적 종합의 정초 위에 능동적 종합이 성립하는데, 능동적 종합은 수동적 종합에 의해 형성된 묶음을 현실적 대상과 관련시킨다. 수동적 자아들은 국소적인 통합인데 반해 능동적 자아는 '총괄적 적분'을 통해 "자신을 통일하는 경향을 띠게 된다."[145]

---

142) 『차이와 반복』, 221쪽
143) 『차이와 반복』, 222쪽
144) 『차이와 반복』, 223쪽
145) 『차이와 반복』, 225쪽

6. 정신분석의 관점에서 본 기억의 수동적 종합

그런데 이러한 능동적 종합은 심화된 다른 수동적 종합을 필요로 한다. 왜냐하면, 현실적 대상들만 존재하는 것이 아니며 잠재적 대상이 존재하기 때문이다. 그리고 이드와 구별되는 자아는 바로 이러한 현실적 대상들의 원환과 현실적 대상들의 원환의 교차점에 존재한다. 그리고 자기보존 충동은 현실적 대상들의 계열과 성적 충동은 잠재적 대상들의 계열과 결부되어 있다. 그리고 이 두 계열은 서로 유사하지 않으며, 그런 한에서 상호차용과 양육의 관계에 있다.

잠재적 대상들과 현실적 대상들은 어떤 의미에서 유사하지 않으며 본성상의 차이가 있는 것일까? 잠재적 대상들은 자기 동일성을 결여하고 있으나 능동적 종합에서는 '자기 동일적 대상'으로서 현실적 대상들이 정립된다. 반면 심화된 수동적 종합은 총체화 불가능한 파편들로서 존재하는 부분 대상들을 응시한다. 예를 들어 멜라니 클라인에 있어서 젖가슴은 '좋은 젖가슴'과 '나쁜 젖가슴'이라는 부분 대상으로 나뉜다. 이와 같은 의미에서 잠재적 대상은 부분 대상이다.

그러나 잠재적 대상들과 현실적 대상들이 깊은 관련이 없는 것은 아니다. 오히려 잠재적 대상들은 현실적 대상들의 계열에서 '절취'됨으로써 구성된다. 반대로 잠재적 대상들은 현실적 대상들 안에서 '합체'되어 있다. 그러나 잠재적 대상들은 그 자신이 편입, 합체되어 있는 현실적 대상으로 환원되지도 통합되지도 않는다. 왜냐하면, 잠재적 대상들은 과거적인 것으로서, 잃어버린 어떤 것으로서 나타나기 때문이다. 말하자면 잠재적 대상들은 현실적 대상의 현재를 넘어서 있다.

이 잠재적 대상들은 현재를 넘어선 과거에 속하기에, "순수 과거의 한 조각"[146]이다. 이런 의미에서 이 잠재적 대상들은 지나가는 현재에 선행하며, 자기 자신의 고유한 과거이다. 이러한 잠재적 대상들은 상징적 요소로서 '팔루스'를 전제한다. 이 팔루스는 말하자면 대상=x인 것이다. 이 대상=x는 끊임없이 자리를 바꾼다. 이를 프로이트의 용어로 표현하자면 '전치'를 수행한다.

프로이트의 트라우마 이론이나 원초적 장면의 이론은 이미 사라진 옛 현재와 현행적 현재 사이의 관계를 설정하게 한다. 사라진 현재와 현행적 현재는 시간적으로 떨어져 있기에 사라진 현재가 현행적 현재에 원격적으로 영향을 미친다는 것은 있음 직하지 않다. 프로이트는 반대로 '사후성'의 개념을 도입함으로써 이를 빠져나가려고 하지만, 이렇게 되면 사라진 현재가 어떻게 현행적 현재를 모델로 삼을 수 있을지는 알 수 없다. 오히려 들뢰즈는 사라진 현재와 현행적 현재를 하나의 계열로 묶을 수 없으며, 사라진 현재의 계열과 현행적 현재의 계열이 "또 다른 본성의 잠재적 대상과 관계하면서 공존하는 두 현실적 계열을 형성한다."[147]라고 말한다. 그리고 잠재적 대상으로서 대상=x는 이 두 계열을 돌아다니면서 순환하며 자리를 바꾼다. 이러한 자리 바꿈, 즉 전치는 두 계열 중 어떤 것이 원초적인 것이고 파생적인 것인지를 구분할 수 없게 한다. 이런 의미에서 프로이트의 딜레마는 해결되고, 대상=x의 전치에 의해 수동적 종합이 이루어진다.

---

146) 『차이와 반복』, 232쪽
147) 『차이와 반복』, 238쪽

그런데 들뢰즈에 의하면 이러한 '전치'의 수동적 종합은 불충분하다. 왜냐하면, 공존하는 계열들을 형성하는 것은 현재들이며, 그렇기 때문에 잠재적 대상과 현재가 혼돈을 겪게 되고, 이 때문에 순수 과거는 사라진 현재의 상태로 전락하게 되기 때문이다.

7. 정신분석의 관점에서 본 영원회귀의 수동적 종합

프로이트는 또한 무의식의 또 다른 특징으로 '전치' 이외에 '위장'을 들고 있는데, "전치를 통해서는 잠재적 대상이 상징적 변용을 겪고, 위장을 통해서는 … 현실적 대상들이 상상적 변용을 겪는"[148]다고 말하고 있다. 이런 의미에서 잠재적 대상이 전치하는 대상이라면 현실적 대상은 변장한 대상이다. 그리고 나르시시즘에서 대상에서 자아로 리비도가 역류할 때, 현실적 대상들의 계열과 잠재적 대상들의 계열이라는 "두 노선 사이의 차이를 내면화하고 있으며"[149] 따라서 자신을 잠재적 대상으로 경험하는 동시에 현실적 대상으로 경험한다. 즉 "자기 자신을 한 노선 안에서는 영원히 전치된 것으로, 다른 한 노선 안에서는 영원히 위장된 것으로 경험"[150]한다.

148) 『차이와 반복』, 248쪽
149) 『차이와 반복』, 250쪽
150) 『차이와 반복』, 250쪽

그런데 이렇게 영원히 전치된 것이자 위장된 것으로 자신을 경험한다는 것은 시간의 텅 빈 형식의 관점에서 볼 때, 자아가 시간적 내용을 구성하지 못한다는 것을 의미한다. 이런 의미에서 나르키소스적 자아는 '텅 빈 시간의 형식에 상응'하지만 이를 채우지는 못한다. 그리고 이 나르키소스적 자아는 죽음본능과 본질적인 관련을 맺는다. 왜냐하면, 나르키소스적 자아는 대상으로부터 리비도가 역류할 때 대상을 잃어버렸고, 오직 죽은 신체만을 소유할 뿐이기 때문이다. 리비도가 자아로 흘러들어 갈 수 있는 것은 리비도가 "본질적으로 타나토스에 봉사할 수 있는 에너지로 탈바꿈될 때"[151]이다. 물론 들뢰즈가 말하는 죽음본능으로서의 타나토스는 프로이트의 죽음충동과는 다르다. 프로이트의 죽음충동이 유기체가 무기물로 돌아가고자 하는 욕동을 의미한다면, 들뢰즈의 죽음본능은 물질로부터 독립된 텅 빈 시간의 형식과 동일시 된다. 이렇게 시간의 형식과 죽음본능이 동일시되는 것은 가장 급진적인 변화의 불변의 형식으로서 시간이 끊임없이 변화하면서도 일관성을 유지하는 '극단적 형상' 이외의 것을 파괴하기 때문이다. 이러한 죽음은 '자유로운 차이들이 나와 자아가 부여하는 형식으로부터 '해방'된다는 것을 의미한다.

> "여기서는 마치 개체가 나와 자아의 인칭적 형식 안에 갇히지 않는
> 어떤 세계, 나아가 독특한 것이 개체의 한계 안에 갇히지 않는 그
> 런 세계들이 출현한 듯하다."[152]

---

151) 『차이와 반복』, 252쪽
152) 『차이와 반복』, 256쪽

이런 의미에서 죽음본능이 전 개체적이고 비인칭적인 특이성들의 해방이라고 볼 수 있다. 그리고 이러한 특이성들은 우발점에 의한 자가 통일화를 통해 '선험적인 장'으로 조직된다. 이런 의미에서 죽음본능은 세 번째 수동적 종합으로서 영원회귀이다.

그리고 영원회귀는 '다양한 모든 것, 차이 나는 모든 것, 우연한 모든 것을 긍정'한다는 점에서 하나의 '주사위 놀이'라고 볼 수 있다. 들뢰즈는 모든 우연을 단번에 긍정하는 주사위 놀이에 인간적인, 너무나 인간적인 놀이를 대비시킨다. 이러한 인간적인 놀이는 들뢰즈에 의하면 졸렬한 게임이다. 이 게임은 우연을 절대적으로 긍정하지 않고 우연을 분할하여 그중에서 가장 이득이 되는 것을 바라는 게임이다. 그런데 이런 놀이에서 인간은 확률성과 인과성을 통해 '졸렬하게' 우연을 통제하려고 하며, I에서 말한 대로 원한과 가책에서 벗어나지 못한다.

"인간은 놀 줄 모른다는 말이 있다. 왜 이런 말이 나오는 것일까? 그것은 심지어 어떤 우연이나 다양성이 주어져 있는 상황에서도 인간은 자신의 긍정이나 결정들을 잘못 생각하기 때문이다. 인간은 이 우연을 제한할 목적으로 긍정한다고 생각한다. 또 우연의 효과를 예방하기 위해서 결정을 내린다고 생각하고, 어떤 이득의 가설 아래 같은 사태가 복귀하도록 만들기 위해 재생산한다고 생각한다. 정확히 말해서 그것은 졸렬한 게임이다. 이 놀이에서는 이길 수 있는 만큼 질 수도 있다. 왜냐하면, 여기서는 모든 우연이

긍정되지 않기 때문이다."[153]

여기서 우연을 분할하는 규칙은 '미리 확립된 특성'을 지닌다. 이러한 '졸렬한 놀이'에서 놀이 참가자의 승리에 대한 욕망(결핍감)은 게임에서 승리의 조건을 규정짓는다.

반면 모든 우연을 단번에 긍정하는 주사위 놀이에서는 모든 경우에서 승리할 수밖에 없다. 이러한 놀이는 말하자면 '결핍된 승리'에 대한 욕망에 의해서가 작동하는 놀이가 아니라, 미리 이겨놓고 싸우는 놀이이다. 그리고 이렇게 모든 우연을 긍정하는 '초인'으로서 '노는 아이'의 수준에 도달하게 되면 '승리의 조건'도 '결핍을 겪는 행위자'도 파괴된다. 이런 의미에서 '주사위 놀이'는 "미래의 체계"로서 "신적인 놀이"이다. [154]

8. 결론

이런 의미에서 시간의 수동적인 종합의 파악에서도 '주사위 놀이'의 개념이 중요하다는 사실이 드러난다. 그런데 들뢰즈에 의하면 우연의 절대적 긍정으로서의 주사위 놀이, 혹은 주사위

---

153) 『차이와 반복』, 261쪽
154) 『차이와 반복』, 261쪽

던지기는 또한 우연을 '생산'할 수 있다. 그리고 이러한 우연의 생산을 통해 시간에 있어서 무한한 분기가 가능하다. 왜냐하면, 무한한 분기에는 무한한 시간이 필요하지 않고 다만 시간이 무한히 분할될 수 있으면 충분하기 때문이다. 들뢰즈는 특히 보르헤스가 이를 소설을 통해서 잘 포착했다고 말한다. 보르헤스는 『픽션들』에서 다음과 같이 쓰고 있다.

"만일 복권이 우연을 강화시키는 것, 즉 코스모스에 주기적으로 카오스를 불어넣는 것이라면, 단 하나의 단계가 아닌 추첨의 모든 단계에 우연을 개입시키는 것이 좋지 않을까? 그 누군가의 죽음이 우연에 의해 초래되었으면서도 이 죽음을 둘러싼 상황— 은밀하게 준비된 죽음이라든지, 공개된 죽음이라든지, 한 시간이나 한 세기 연기된 죽음이라는 상황 —이 우연에 예속되어 있지 않다는 것은 정말 우스꽝스러운 일이 아닐까? … 사실 추첨들의 횟수는 무한하다. 그 어떤 결정도 최종적인 것이 아니고, 모든 결정은 가지 모양으로 뻗어 나간다. 무지한 자들은 무한하게 추첨을 하려면 무한한 시간이 필요하다고 생각한다. 하지만 실은 시간이 무한히 쪼개지는 것으로 충분하다."[155]

그리고 『픽션들』에서 보르헤스는 배타적인 이접적 종합이 아닌 포괄

---

155) 『차이와 반복』, 261쪽~262쪽, 호르헤 루이스 보르헤스, 『픽션들』, 송병선 옮김, 서울: 민음사, 2017, 84쪽~85쪽

적인 이접적 종합으로서의 시간을 제시한다. 다른 소설에서 인간은 배타적인 선택지 중에서 하나를 선택하지만, 취팽(치우펀)이라는 소설가는 모든 것을 동시에 선택한다. 이를 통해서 취팽(치우펀)은 "몇 개의 미래들, 몇 개의 시간들을 '창조하고', 그것들은 증식하면서 두 갈래로 갈라"[156]진다. 예를 들어 낯선 사람이 팡이라는 사람의 방문을 두드리고, 팡은 이 낯선 사람을 죽이려고 한다. 이 스토리의 결말에서 "팡이 침입자를 죽일 수도 있고, 침입자가 팡을 죽일 수도 있으며, 두 사람 모두 목숨을 건질 수도 있고 두 사람 모두 죽을 수도 있"[157]으며 다른 경우가 있을 수도 있다. 그런데 취팽의 작품에서는 이 모든 결말이 일어난다. 그리고 각 결말은 다시 분기의 출발점이 된다.

그리고 이러한 우연의 절대적 긍정이 의미하는 것은 사건들의 이접적 종합이다. 이러한 발산하는 사건의 계열들의 이접적 종합은 모든 사건을 소통시키는 '우발점'에 의해서 가능하며, 이 우발점은 영원회귀한다. 이런 의미에서 영원회귀는 하나의 종합이라고 볼 수 있다. 그리고 들뢰즈는 '이념적인 놀이'가 바로 이러한 포괄적인 이접적 종합과 깊은 관련이 있음을 보여주고 있다.

"라이프니츠는 이 불공가능성의 규칙을 사건들 서로를 배제하기 위해서 사용한다. 라이프니츠는 발산 또는 이접에 의해 부정적 사용 또는 배제의 사용을 행한다. 그런데 이러한 시도는 사건들이

---

156) 『차이와 반복』, 262쪽, 『픽션들』, 122쪽
157) 『차이와 반복』, 262쪽, 『픽션들』, 123쪽

신…이라는 가설 아래에서 이미 파악되어 있는 한에서만 정당화
된다. 순수사건들 그리고 라이프니츠가 신학적 요구 때문에 그 원
리를 파악할 수 없었던 이념적인 놀이를 생각할 경우, 문제는 다르
다. 왜냐하면, 이 다른 관점에서 볼 때, 계열들의 발산 또는 구성
요소들의 이접은 사건들을 양립 불가능하게, 공가능하지 않게 만
드는 배제의 부정적 규칙들이기를 그치기 때문이다. 발산, 선언은
이와 같이 긍정된다."*158*

이런 의미에서 시간의 수동적 종합의 근저에는 주사위 놀이 혹은
이념적인 놀이가 있다.

---

158) 질 들뢰즈, 『의미의 논리』, 이정우 옮김, 파주: 한길사, 2015, 293쪽

참고 문헌

질 들뢰즈, 『경험주의와 주체성』, 한정헌 · 정유경 옮김, 서울: 난장, 2012

질 들뢰즈, 『의미의 논리』, 이정우 옮김, 파주: 한길사, 2015

질 들뢰즈, 『차이와 반복』, 김상환 옮김, 서울: 민음사, 2011

호르헤 루이스 보르헤스, 『픽션들』, 송병선 옮김, 서울: 민음사, 2017

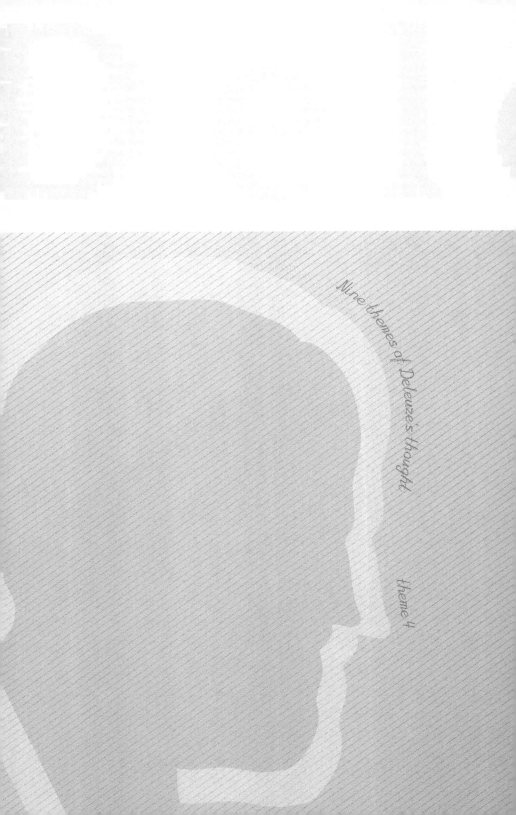

IV

선험적인 장과
정적 발생

1. 세 작용과 그 순환

　　　　마치 하이데거가 책이나 강연의 초반부에 우리의 상식을 분석하듯이, 들뢰즈는 『의미의 논리』에서 '의미'에 대한 우리의 상식적인 사고방식을 검토한다. 이러한 '의미'는 '명제에 있어서 표현된 것'이다. 그런데 우리의 상식 속에서 명제에는 세 가지 차원이 있다. 그것은 지시 작용, 현시 작용, 기호 작용의 차원이다.

　지시 작용은 말과 사태 사이의 관계로서 사태란 "이러저러한 사물들, 사물들의 혼합물들, 질들, 양들, 관계들을 포함한다."[159] 거칠게 말해서 지시 작용은 사태를 명제 속에서 명료하게 '표상'하는 것을 의미한다. 지시 작용에는 형식적 지시자로서 '이것', '저것', '그', '여기' ,'어제' 등이 존재한다. 여기서 형식적 지시자란 사태를 지시하기 위한 빈 형식을 의미한다. 그리고 지시 작용은 특권적이고 실질적 지시자로서 고유명사를 가진다.

　반면 현시 작용은 '욕구와 신념의 언표들'을 통해 드러나는데, 이때 욕구와 신념은 인과적 추론이라고 들뢰즈는 말한다. 즉 욕구의 언표는 내적 인과율의 표현이고, 신념의 언표는 외적 인과율에 대한 기대

---

159) 질 들뢰즈, 『의미의 논리』, 이정우 옮김, 서울: 한길사, 2015, 62쪽

의 표현이라는 것이다. 들뢰즈는 이러한 현시 작용을 통해 명제는 주체와 연결된다고 말한다. 이로부터 현시 작용이 지시 작용에 앞선다는 것을 알 수 있는데, '나'라는 기본적인 현시자가 있어야 '이것', '여기', '어제' 등과 같은 지시자가 가능하기 때문이다.

또한 명제에는 기호 작용의 차원이 있다. 기호 작용의 탐구는 말이 '보편적인 또는 일반적인 개념' 사이의 관계를 탐구한다는 것을 의미한다. 즉 명제를 '기의'로서 개념을 표현하는 '기표'로서 볼 수 있다는 것이다. 즉 기호 작용의 질서는 개념적 함축의 질서이다. 이러한 개념적 함축의 대표적인 기표는 '함축하다'와 '그러므로'이다.

들뢰즈는 '파롤'에 있어서는 현시 작용이 기호 작용에 앞서지만, 구조주의의 주장처럼 '랑그'에 있어서는 기호 작용이 현시 작용에 앞선다고 말한다. 명제는 주체나 사태를 드러내기 이전에 기표로서 자신을 드러낼 수밖에 없다.

이렇게 현시 작용이 지시 작용에 앞서고, 기호 작용이 현시 작용에 앞선다면, 기호 작용이 명제의 궁극적 차원을 이루는가? 들뢰즈는 그렇지 않다고 말한다. 왜냐하면, 명제가 참인지 아닌지가 그 전제에 해당하는 명제들에 의존한다고 해도 이러한 전제들이 참이라는 것이 보장되어야 하기 때문이다. 말하자면 우리는 명제가 참인지를 순수 함축의 질서로서 기호 작용의 질서만으로는 알 수 없고, 사태와 관계하는 지시 작용을 전제한다. 따라서 지시 작용, 현시 작용, 기호 작용 사이에는 순환이 존재한다.

2. 의미의 차원과 선험적인 장

이렇게 명제는 지시 작용, 현시 작용, 기호 작용 모두에도 정초되지 않는다. 아마도 우리는 네 번째 차원으로서 '의미'의 차원을 도입해야 할 테지만, 우선 의미의 차원을 앞의 세 가지 차원 중 하나로 환원시킬 수 있는지부터 확인해야 한다.

의미는 지시 작용으로 환원되는가? 왜냐하면, 거짓인 명제도 의미가 있을 수 있기 때문이다. 더 나아가 우선 명제의 의미가 파악되어야 명제가 참인지 거짓인지도 파악될 것이다. 이런 의미에서 "모든 지시 작용이 의미를 전제한다는 것, 그리고 지시 작용을 수행하기 위해 의미 안에 단번에 들어간다는 것은 분명하다."[160]

의미는 그렇다면 현시 작용을 통해 정초되는가? 그렇지 않은데, 왜냐하면 현시 작용에 기호 작용이 선행하기 때문이다. 그리고 기호 작용이 지시 작용을 전제하기에 의미는 이 세 가지 차원 중 어느 것에 의해서도 정초될 수 없다. 따라서 차라리 의미의 차원은 지시 작용, 현시 작용, 기호 작용에 독립적으로 정의되어야 한다. 스토아 학파에 의하면 이것은 당연한데 왜냐하면 스토아 학파에게 있어서 의미는 지시 작용에서의 물체나 표상이 아니며 "특수와 일반, 단일과 보편, 인칭과 비인칭에 무관하게 '중성적'"[161]이기 때문이다.

더 나아가 들뢰즈는 의미가 사건과 동일하다고 말한다. 왜냐하면,

---

160) 『의미의 논리』, 71쪽
161) 『의미의 논리』, 75쪽

의미는 명제에 의해 표현되면서 동시에 사물 또는 사태의 부대물이기 때문이다. 이런 의미에서 의미는 명제와 사물의 경계 위에 있으며, 들뢰즈에게 있어서 이러한 '표면' 위에 있는 것은 바로 '사건'이다. 따라서 의미는 '사건'으로 규정된다.

그리고 '사건'은 지시 작용에 있어서 '개체'로서의 대상이나 사태를 넘어서 있으며, 현시 작용에 있어서 '나'를 포함한 인칭들을 넘어서 있고, 기호 작용에 있어서 보편 개념이나 일반 개념으로 환원되지 않는다는 점에서 스토아 학파가 말한 '의미'와 동일하다. 이런 의미에서 들뢰즈는 사건=의미라는 등식이 성립한다고 말한다.

이런 의미에서 들뢰즈는 명제의 네 번째 차원으로서의 '표현'의 차원을 지시, 현시, 기호의 경험적 차원을 넘어서 있는 '선험적인 장'으로 규정짓는데, 이 선험적인 장은 '의미'의 장이자 전 개체적이고 비인칭적인 특이성들의 장이다. 이뿐만 아니라 지시 작용, 현시 작용, 기호 작용 모두 이 의미=사건의 장으로서의 선험적인 장을 전제로 하며, 지시 작용에서의 개체, 현시 작용에서의 인칭, 기호 작용에서의 일반적인 개념은 이러한 선험적인 장으로부터 '발생'하는 것이다. 이러한 선험적인 장으로부터 개체, 인칭, 일반적 개념 등의 발생을 들뢰즈는 '정적 발생'이라고 이름 붙인다.

그런데 의미는 한편으로는 근원적인 무관심성(impassibilité)[162]에 의해 규정된다. 이러한 무관심성이란 의미가 명제들에 관해 갖는 중성적 성격

---

162) 『의미의 논리』 국역본의 역자 이정우는 'impassibilité'를 '되돌릴 수 없음'으로 번역했으나 이는 오역이다.

을 의미한다. 후설은 이를 잘 파악하고 있었다. 『이념들』에서의 후설에 의하면 의미는 의식의 양상(지각, 기억, 상상 등)이나 명제의 정립적 특성에 대해 중성적이며 더 나아가 독립적인 게다가 대상의 물리적 성질도 아닌, "노에마적 핵으로서의 순수 술어들"[163]을 포함하고 있기 때문이다.

그럼에도 불구하고 들뢰즈는 후설의 이 이론이 미흡하다고 밝히고 있는데, 왜냐하면 노에마적 핵이란 술어로서 이해될 뿐 동사로써 이해되지 않기 때문이다. 이것은 핵이 개념으로 이해될 뿐 사건으로 이해되지 않는다는 것을 뜻한다. 즉 대상의 동일성을 불가능하게 하는 역설적 심급에서 시작하지 않고, 대상의 동일성을 보증할 상식과 양식에 기대어 발생을 설명하려고 했기 때문이다. 공통 감각으로서의 상식은 인식능력들의 조화로운 통일을 보증하고 이를 통해 대상의 동일성을 보증한다.

이와 같은 문제점 때문에 후설은 "표현과 구분하고자 했던 이 다른 차원들(지시, 현시, 기호 작용)과 그것을 혼동함으로써 모든 개념들을 뒤범벅으로 만들게"[164] 된다. 즉 후설에 있어서 대상에 대한 의미의 관계는 대상=x에 대한 노에마적 술어들의 관계로부터 파생된다. 여기서 대상=x는 노에마적 술어들을 통합하며 지시 작용의 형식을 부여받고, 여기서 통합된 일반적 술어들은 기호 작용의 차원을 건드리며, 상식과 양식을 통한 인식능력들의 통일적 조화는 선험적인 주체와 관련된 현시 작용의 차원을 건드린다.

말하자면 후설은 경험적인 doxa의 차원에 대하여 이러한 경험적인 차

---

163) 『의미의 논리』, 184쪽
164) 『의미의 논리』, 187쪽

원을 연장한 것으로서 Urdoxa의 차원으로 선험적인 표현의 차원을 생각한 반면, 들뢰즈는 doxa의 차원과 근원적으로 결별하게 하는 para-doxa의 차원으로서 의미=사건의 차원을 열어 밝힌 것이라고 말할 수 있다.

그렇다면 의미의 무관심성(impassibilité)과 발생적 잠재력, 즉 중성과 생산성은 어떻게 양립 가능한가? 그것은 들뢰즈가 '이중 인과'라고 말하는 것을 이해할 때 이해될 수 있다. 들뢰즈는 사건을 물체적 원인의 관점에서 볼 때 물체와는 구분되는 중성적인 '표면 효과'인 동시에 대문자 사건으로서의 준 원인, 즉 "무의미로서 또는 우발점으로서 개입"[165]하는 역설적 요소의 관점에서 볼 때 이 준 원인의 발생적 잠재력을 "이어받고, 그에 참여하며, 나아가 그것을 내포하고 소유"[166]하는 것으로 보기 때문이다.

이러한 무관심성과 발생적 잠재력 때문에 진정한 의미에서 조건 지어지는 것에 독립적인 발생의 조건을 찾을 수 있게 된다. 즉 발생의 조건으로서 선험적인 장은 의미=사건의 장이자 전 개체적이고 비인칭적인 특이성들이 우글거리는 장이다.

이러한 선험적인 장을 의식으로 규정하려는 시도는 칸트의 선험철학으로 대표되는데, 이러한 칸트의 선험철학의 문제점은 조건으로서의 선험적인 것을 그것이 조건 지우겠다고 하는 것의 이미지에 따라 생각하는 데에 있다. 따라서 선험적인 장은 의식이 아니라 의식적인 경험과 독립된 무의식에 위치 지워져야 한다. 그리고 칸트가 비판하는 전통 형이상학이나 칸트 자신의 선험철학 모두 공통점이 있는데, 이는 둘

---

165) 『의미의 논리』, 181쪽
166) 『의미의 논리』, 182쪽

모두 양자택일을 강요한다는 것이다. 즉 아무것도 구분되지 않는 심연과 '지고한 자아나 상위의 나'에 사로잡힌 특이성 사이에서 양자택일을 강요한다. 그러나 니체는 이러한 양자택일로부터 빠져나간다.

"더 이상 무한한 존재의 고정된 개별성 … 안에도, 또 유한한 주체의 정주적 경계선 … 안에도 사로잡히지 않은 유목적 특이성들. 개체적이지도 인칭적이지도 않은, 그럼에도 특이한, 결코 미분화된 심연이 아닌 어떤 것. 한 특이성에서 다른 특이성으로 뛰어다니면서 언제나 각각의 던짐 안에서 파편화되고 변형되는 동일한 하나의 던짐의 부분을 이루는 주사위 놀이를 실행하는 어떤 것. 의미를 생산하는 디오니소스적 기계. 그리고 의미와 무의미가 더 이상 단순한 하나의 조작 안에 있기보다는 새로운 담론 안에서 서로 같이 현존하게 되는 그러한 기계."[167]

전통 형이상학은 '무한한 존재의 개별성'을 이야기하는데, 이러한 개체는 "무한한 분석을 필요로 하는"[168] 반면에 칸트의 선험철학에서는 선험적 주체로서 인칭이라는 "유한한 종합적 형식을 선택"[169]했다. 반면 니체는 이러한 개체와 인칭에 종속되지 않고 인간들, 식물들, 동물들을 가로질러 돌아다니는 유목적 특이성들의 담론을 조직했다. 말하자면 들뢰즈에 의하면 니체는 최초로 전 개체적이고 비인칭적인 선험적인 장을 담론화한 것이다.

---

167) 『의미의 논리』, 201쪽
168) 『의미의 논리』, 200쪽
169) 『의미의 논리』, 200쪽

3. 존재론적 정적 발생

그렇다면 이 전 개체적이고 비인칭적인 선험적인 장으로부터 어떻게 개체와 인칭, 일반적 개념들이 '발생'하는 것일까?

먼저 개체의 발생부터 설명해 보자. 하나의 특이점은 보통점들로 이루어진 선분 위로 뻗어 나감으로써 하나의 방향으로 나아가는데, 이러한 뻗어 나감에 의해 다른 특이성과 이웃 관계를 맺으며 이러한 이웃 관계 맺기는 효과화로서의 계열화를 나타낸다. 이러한 계열화는 어느 정도의 고정(fixation)을 의미한다.

그리고 하나의 세계는 이러한 계열들의 수렴을 의미한다. 만약 두 계열이 아예 만나지 않는다면 이 두 계열은 '다른 세계'에 존재한다고 볼 수 있는 것이다. 이러한 특이성의 계열들의 수렴은 계열들이 하나의 체계를 이룬다는 것을 의미하며, 이러한 체계는 '공가능성'에 의해 특이성들을 선별한다. 그리고 이러한 체계의 특이성들을 내포하고 표현하며, 자신의 신체가 구현하는 특이성들과 조합하는 개체가 존재한다.

이런 의미에서 각각의 개체로서의 모나드는 다른 신체들과 자신의 신체 사이의 관계에 따라 세계를 표현한다. 이렇게 표현된 세계는 모나드들 밖에는 실존하지 않지만, 모나드가 아닌 수렴되는 계열들로서 세계가 1차적이라는 것이 중요하다. 이런 의미에서 계열화된 특이점들로서 표현된 것과 모나드들은 구분되어야 하며, 특이점들은 존속/재속한다.

이러한 특이성들의 계열들은 '수렴'을 통해 하나의 세계를 구성한다. 그리고 이러한 수렴은 공가능성(compossiblité)을 의미하며, 따라서 공가능성은 "세계의 한 종합 규칙"[170]이다. 그리고 이러한 계열들의 수렴이 의미하는 바는 하나의 세계가 특이성들의 연속체(continuum)로 규정된다는 것이다. 반면 불공가능한 두 사건의 계열들은 하나의 연속체 속에 포함될 수 없다.

개체로서의 모나드들은 이 특이성들의 연속체로서 세계의 모든 특이성을 표현하지만, 자신의 신체의 특이성들과 조합되는 특이성들만을 '명석하게' 표현한다. 그리고 이러한 신체의 특이성들이 다른 특이성들과 조합된다는 것은 그들의 신체가 혼합물들을 형성한다는 것을 의미한다. 이렇게 신체와 혼합되는 다른 신체와의 '관계'는 분석적 술어를 형성한다. 예를 들어 아담과 무화과가 혼합되면 '아담이 무화과를 먹었다.'라는 명제가 성립된다. 그리고 개체는 그들이 '명석하게' 내포하는 특이성들의 이웃 관계를 통해 구성된다. 즉 신체의 특이성들과 조합되는 다른 특이성들과의 관계를 통해 구성되는 것이다. 그리고 특이성 사건은 이제 개체의 분석적 술어가 된다. 들뢰즈는 다음과 같이 쓰고 있다.

> "'푸르러지다'는 하나의 특이성 사건을 가리키며, 이 특이성 사건의 이웃 관계를 통해 나무가 구성된다. 또는 '죄를 짓다'는 하나의 특이성 사건을 가리키며, 이 특이성 사건의 이웃 관계를 통해 아담이 구성된다. 그러나 '푸름', '죄인임'은 이제 구성된 주어들(나무와 아담)의 분석적 술어들이다."[171]

---

170) 『의미의 논리』, 207쪽
171) 『의미의 논리』, 209쪽

그리고 들뢰즈는 이러한 개체 발생의 단계에서는 술어들 상의 논리적 위계나 일반성의 정도가 성립하지 않는다고 말한다. 들뢰즈는 증가하거나 감소하는 일반성은 하나의 술어가 다른 명제 안에서 다른 술어의 주어 역할을 하도록 규정되는 경우에만 등장하기 때문에 개체 발생의 단계에서는 아직 일반성의 위계가 성립하지 않는다고 말한다. 예를 들어,

"이 장미는 이 장미의 붉음을 가지지 않고서는 붉지 않다. 이 붉음은 이 붉음의 색을 가지지 않고서는 색이 아니다."[172]

이런 의미에서 아직 일반적 개념이나 매개항은 등장하지 않고, 술어들은 물체들의 혼합물을 개체의 신체 내로 번역하여 옮기는데, 개체에 대한 술어의 관계는 매개항이 존재하지 않기에 이러한 번역은 직접적이다. 스토아 학파에 의하면 '이성'은 "한 동물 신체 내로 확장되어 그를 관통하는 물체"이기에 '아담이 이성을 가짐'은 아담의 신체와 이성이라는 '물체'의 '혼합물'을 아담의 입장에서 서술한 것이다. '감정'과 같은 것도 마찬가지로 하나의 '물체'로 볼 수 있다. 따라서 개체의 모든 분석적 술어를 물체들의 혼합물을 직접적으로 개체에로 번역하여 옮겨놓는 것으로 볼 수 있다. 이런 의미에서 이 분석적 술어들 사이에는 유와 종의 위계도 존재하지 않고 property와 class를 고려할 필요도 존재하지 않는다.

그리고 선험적 주체로서 '인칭'의 발생은 수렴하는 계열들의 연속체가 아닌 발산하는 계열들을 가로질러 동일한 어떤 것의 발생을 의미한다.

---

172) 『의미의 논리』, 210쪽

계열들이 발산한다는 것은 각각의 계열들이 공가능하지 않은 가능 세계들에 속한다는 것을 의미하며, 따라서 '인칭'은 여러 가능 세계를 가로질러 동일한 것을 의미한다. 이러한 인칭은 서로 다른 세계에서 서로 다른 방식으로 현실화되는 "객관적으로 미규정적인"[173] 특이성들에 의해서 정의된다. 이렇게 서로 다른 방식으로 현실화되는 것은 신체 외부의 특이성들과 이 특이성들이 서로 다른 방식으로 조합되기 때문이다. 이런 의미에서 "우리는 … 특이성들의 애매한 기호 앞에 … 있다."[174]

이렇게 모든 가능 세계에 공통된 '모호한 아담' 또는 아담=x가 존재한다. 그리고 이러한 '모호한 아담'은 하나의 선험적 주체로서 인칭인 것이다. 그리고 이러한 인칭은 앞에서 말한 객관적으로 미규정적인 특이성들에 의해 종합적으로 '정의'된다. 즉 이 특이성들로서 술어들은 인칭에 앞서 있으며 인칭을 구성한다. 말하자면 이러한 술어들이 또 다른 주어가 될 수 있게 된다. 즉 '최초의 인간이며 에덴 동산에서 산 인간'이 바로 아담인 것이다. 앞에서 술어들이 다른 명제들에서 또 다른 술어들의 주어가 될 수 있을 때 일반성의 위계가 성립한다고 말했었다.

인칭들의 집합은 class를 구성하며 이 집합은 가변적 property를 갖는다. 들뢰즈는 차라리 각각의 인칭들 자체가 하나의 유일한 구성원만을 포함하는 class이며, 이들의 술어들은 하나의 상수만을 포함하는 property라고 말한다. (이 인칭을 정의하는 술어들은 모든 가능 세계들을 가로질러 동일하므로 하나의 '상수'가 된다.) 그리고 class는

---

173) 『의미의 논리』, 213쪽
174) 『의미의 논리』, 214쪽

이러한 인칭들로부터, 가변적 property는 이러한 술어들로부터 유래한다. 그리고 이러한 class와 property로부터 일반 개념이 도출된다.

4. 논리학적 정적 발생

개체들이 무한한 분석 명제들과 관련된다면 인칭은 유한한 종합 명제와 관련된다. 더 나아가 들뢰즈는 개체와 인칭이 그 자체로 존재론적인 명제들이라고 말한다. 반면 class와 property는 존재론적인 명제가 아닌 "논리적 명제 일반의 조건 또는 가능성의 형식을 구성한다."[175]

그런데 논리적 명제의 질서가 class와 property의 성립에 기반해 있기에 기호 작용에 기초해 있다 해도 class와 property가 인칭 발생에 기인하는 한 기호 작용은 현시 작용에 기초해 있고, 인칭이 개체 발생을 전제하는 한 현시 작용은 지시 작용을 전제한다. 이는 앞에서 보았던 순환과는 또 다른 제2의 순환이다.

이런 의미에서 논리학적 정적 발생에는 존재론적 정적 발생과 같은 '단계'가 존재하지 않는다. 들뢰즈에 의하면 의미=사건이라는 등식이 성립하고 "사건 자체는 문제적이자 문제화하는 존재"[176]이다. 따

---

175) 『의미의 논리』, 219쪽
176) 『의미의 논리』, 125쪽

라서 의미로부터의 명제의 발생을 해명하는 것, 즉 논리학적 정적 발생을 해명하는 것은 문제로부터 명제의 발생을 해명하는 것과 같다. 여기서는 문제가 발생적 요소인 것이다. 명제는 이 문제에 대한 해와 함께 출현한다. 즉 이 문제에 대해 지시 작용의 명제들은 '특정한 응답들을 지시'하고, 기호 작용의 명제들은 '일반적인 한 해의 경우들을 기호화'하고, 현시 작용의 명제들은 '해결의 주관적인 행위들을 현시'한다. 그리고 진정한 문제들은 이와 같은 명제들과 유사하지 않으며, 동시에 이러한 명제들을 낳는 발생적 잠재력을 갖는다.

말하자면 문제는 조건이고 명제는 조건 지어진 것인데, 조건은 조건 지어진 것의 이미지에 따라 규정되어서는 안 되고 조건 지어진 것에 대해 독립되어야 한다. 예를 들어 문제를 명제들의 '가능성의 형식'으로 규정짓는 것은 조건 지어진 것으로서의 기호 작용의 명제들의 이미지에 따라 조건으로서의 문제를 규정짓는 것이다.

이념으로서의 문제는 앞에서 규정했듯이 미규정적 요소들의 상호적 규정을 통해 완결된 규정에 도달해 특이점들의 한 분배를 규정짓는 "미분적 체계"[177]이다. 그리고 이러한 문제의 점진적인 자가규정은 "명제들, 명제의 차원들, 명제들의 상관자들을 낳는다."[178]

그리고 발생적 요소로서의 문제는 발생되는 것으로서의 명제와 유사하지 않다. 이런 의미에서 문제는 하나의 '테제'가 아니며 '테마'에 가깝다고 들뢰즈는 말한다. 들뢰즈는 이런 의미에서 '문제'가 역시 중성

---

177) 『의미의 논리』, 225쪽
178) 『의미의 논리』, 223쪽

과 발생적 잠재력을 가지고 있다고 말한다. 따라서 특이성들의 분배로서 '문제'가 함축하는 순수 사건과 동일한 것으로서의 '의미' 또한 명제들과 그 차원들, 그리고 그 상관자들에 대해 중성과 발생적 잠재력을 가진다. 이런 의미에서 선험적인 장은 명제의 층위에 속하지도 않고 물체들의 층위에도 속하지도 않으며, 명제와 물체 사이의 경계면으로서 '형이상학적 표면'의 층위에 속한다. 아니 이 선험적인 장은 형이상학적 표면과 동일하다. 그리고 이러한 경계면이란 물체와 명제의 분리보다는 차라리 '절합'을 의미한다. 들뢰즈는 다음과 같이 쓴다.

"표면은 선험적인 장 자체가, 그리고 의미 또는 표현의 장소가 된다. 의미는 표면에서 형성되고 전개되는 것이다. 그러나 경계선이 분리를 의미하지 않는다. 그것은 단지 의미가 물체에서 발생하는 것인 동시에 명제들 안에서 재속하는 것으로 드러날 수 있게 해주는 절합(articulation)의 요소이다."[179]

5. 결론: 정적 발생 이론의 의의

『의미의 논리』에서 존재론적 의미에서의 정적 발

---

179) 『의미의 논리』, 228쪽

생은 순수 사건의 선험적인 장으로부터 어떻게 우리의 상식 혹은 양식에 있어서 단위들인 개체, 인칭, 일반적 개념, class, property가 탄생하는지를 보여준다. 반면 논리적 의미에서의 정적 발생은 '문제'로부터 '명제'와 그 상관자들이 구성된다는 것을 보여준다. 이와 같은 의미에서 정적 발생은 잠재적인 것의 '현실화' 과정을 보여준다. 이것은 para-doxa로부터 doxa의 출현을 보여주는 것이며, 이것은 현실적인 것의 이미지를 통해 잠재적인 것(이념적인 것)을 규정짓는 후설적 의미의 Urdoxa의 사유, 이로 인해 애써 구별한 '표현'의 차원과 지시 작용, 현시 작용, 기호 작용의 차원을 뒤섞어 뒤범벅이 되게 만들 수밖에 없었던 후설의 '발생적 사유'를 넘어서는 것이다. 즉 후설은 '노에마적 핵'을 단지 술어로, 즉 동사로서 사건이 아닌 단지 개념으로 간주했기 때문에 이와 같은 결론을 피할 수 없었다. 이런 의미에서 들뢰즈는 후설을 뛰어넘었다고 말할 수 있다.

들뢰즈의 정적 발생에 대한 이러한 논의를 통해서 조건은 조건 지어진 것을 발생시키는 동시에 조건 지어진 것과 유사하지 않음이 밝혀졌다. 말하자면 잠재적인 것(조건)은 현실적인 것(조건 지어진 것)들과 본성상의 차이를 가지고 있다. 이것은 이념=문제와 그 해답 사이에 본성상의 차이가 있는 것과 같다. 그런데 이렇게 잠재적인 것과 현실적인 것 사이에 유사성이 아닌 본성상의 차이만이 존재한다면 우리는 어떻게 잠재적인 것에 도달할 수 있는가? 이것은 사물의 상태로부터 '순수 사건'을 추출해 내는 역효과화를 통해서만 가능하다. 이로써 우리의 논의는 동적 발생의 문제로 이행하게 된다.

참고 문헌

질 들뢰즈, 『의미의 논리』, 이정우 옮김, 서울: 한길사, 2015

V

동적 발생의

이론

1. 서론

　　『의미의 논리』제26 계열로부터 시작되는 동적 발생의 논의는 물리적 심층으로부터의 형이상학적 표면의 구성을 설명한다. 먼저 물리적 심층은 파편화된 세계이며, 또한 이러한 파편들이 끊임없이 투사(projection)되고 내사(introjection)되는 세계이다. 말하자면 심층에서 모든 대상은 조각난 '부분 대상'이다. 그리고 멜라니 클라인에 따라 들뢰즈는 유아의 세계에서는 어머니의 젖가슴조차 '좋은 젖가슴'과 '나쁜 젖가슴'으로 분열된다고 말한다. 이러한 파편으로서의 부분 대상들은 유아에게로 끊임없이 내사될 뿐만 아니라 유아는 이 내사된 대상에게 공격성을 투사하고 "어머니의 몸으로의 이 대상들의 재투사를 동반한다."[180] 그리고 들뢰즈는 이와 같은 의미에서 유아의 몸이 '투사와 내사의 체계'를 형성하며, 이를 통해 "심층에서의 … 신체들의 소통"[181]이 이루어진다고 말한다. 물론 이러한 투사와 내사의 체계는 '파열'을 동반하며, 이는 이 소통이 '폭력의 소통'

---

180) 질 들뢰즈, 『의미의 논리』, 이정우 옮김, 서울: 한길사, 2015, 314쪽
181) 『의미의 논리』, 314쪽

이라는 것을 말해 준다. 들뢰즈는 다음과 같이 쓴다.

"부분 대상들은 아이의 몸과 어머니의 몸을 동시에 파열시킬 수
있는 똥들이 된다. 그리고 이때 어머니의 조각들은 언제나 아이를
위협하며, 위협자는 언제나 젖먹이의 열정을 구성하는 이 끔찍한
혼합물 안에서 위협받는다. 신체들은 입-항문 또는 음식물-똥,
우주적 배설구의 체계 내에서 파열되고 파열시킨다."[182]

이러한 투사와 내사의 체계는 멜라니 클라인에 의해 '편집·분열적
위치'라고 이름 붙여지고, 이 이후에 오는 '우울증적 위치'와 대립된
다. 우울증적 위치 속에서는 하나의 통일된 좋은 대상이 구성되고
이 우울증적 위치 속에서 통일된 좋은 대상은 "본성상 하나의 잃어버
린 대상"이자 "처음부터 이미 잃어버린 것"이다.[183] 말하자면 이 우울
증적 위치에서 아이는 대상의 부재를 받아들인다. 그리고 클라인이
'단계'라는 용어 대신 '위치(position)'라는 용어를 쓴 것은 우울증적
위치에서 편집·분열적 위치로 얼마든지 퇴행할 수 있기 때문이다. 홍
준기는 이에 대해 다음과 같이 쓰고 있다.

"우울증적 위치는 아이가 엄마와의 분리를 경험하는 시기이다. 아
직 자아가 성숙하지 못한 어린아이에게 엄마의 부재를 처음부터

---

182) 『의미의 논리』, 314쪽~315쪽
183) 『의미의 논리』, 320쪽

완전히 받아들이는 것은 불가능할 것이다. 그리하여 아이는 엄마가 부재할 때 다시 편집·분열적 상태로 퇴행할 수 있다. 그것을 단계가 아니라 위치라는 개념으로 설명한 것도 바로 그러한 이유에서이다. 이 두 위치는 아주 빠른 속도로 서로 위치를 바꿀 수 있다. 클라인에게 편집·분열적 위치와 우울적 위치는 단순한 발달 단계가 아니다."[184]

들뢰즈는 '편집·분열적 위'에서 부분 대상에 대립되는 것은 통일된 대상이 아닌 '부분들이 없는 유기체'로서 기관 없는 신체라고 말하고 있다. 이런 의미에서 두 개의 대립되는 '심층'인 부분 대상들의 저장소인 이드(id)라는 심층과 기관 없는 신체로서의 심층이 대립된다고 들뢰즈는 말한다. 그리고 통일된 좋은 대상은 '상층'에 존재하는데 이 '상층'이 '초자아'의 차원이다.

그리고 이 '상층'과 '심층'은 서로 대립된다. 즉 하나의 통일된 좋은 대상은 "부분 대상들과의 투쟁"[185]이 이루어진다. 들뢰즈는 다음과 같이 쓰고 있다.

"유아의 몸은 좋은 대상을 공기 중에서 꽉 잡으려 애쓰는 투입된 야생 동물로 가득 찬 구멍과도 같다. (그리고 이 좋은 대상은 이들에 대해 불쌍한 희생물로서 행동한다.)"[186]

---

184) 홍준기, 『라캉, 클라인, 자아 심리학』, 서울: 새물결 출판사, 2017, 368쪽
185) 『의미의 논리』, 319쪽
186) 『의미의 논리』, 319쪽

에고는 한편으로는 하나의 통일된 좋은 대상을 모방하며, 다른 한편으로는 나쁜 대상들과 자신을 동일시한다. 그리고 이 좋은 대상은 부분 대상들을 증오하기에 이 나쁜 부분 대상들과 자신을 동일시하는 에고를 증오하기도 하지만 "에고에게 도움과 사랑을"[187] 주기도 한다.

이러한 통일된 좋은 대상의 양면성은 이 대상이 에고에게 잡으려는 욕망을 불러일으키지만, 동시에 닿을 수 없는 곳에 있기 때문에 존재한다. 즉 좋은 대상의 '상층으로의 그 초월'에 기인한다. 즉 이 좋은 대상이 앞에서 말한 대로 '처음부터 이미 잃어버린 것'이라는 사실에 기인한다. 이 좋은 대상은 처음부터 이미 잃어버린 것이기에 "선재하는 것, … 늘 선재하는 것"[188]이 된다. 말하자면 이 상층의 '좋은 대상'의 가장 좋은 예는 플라톤의 '이데아'이다. 플라톤의 이데아는 에고로부터 달아나며 동시에 에고에 선재한다.

이와 같이 에고의 욕구를 불러일으키면서도 동시에 뿌리치는 좋은 대상은 잔혹하다. 이것은 초자아의 잔혹성으로 이어진다.

---

187) 『의미의 논리』, 320쪽
188) 『의미의 논리』, 320쪽

2. 동적 발생 I: 목소리와 동적 발생의 시작

앞에서 우리는 언어의 세 차원인 지시 작용, 현시 작용, 기호 작용이 모두 '사건'에 기반해 있음으로 보였다. 이런 의미에서 들뢰즈는 "언어를 가능하게 하는 것은 사건들"[189]이라고 말한다. 그리고 '동사'로서의 사건은 이러한 지시 작용, 현시 작용, 기호 작용을 통해서 다른 방식으로 표현되는 이른바 '언어의 일의성'을 이룬다. 이러한 일의성을 잘 보여주는 것이 바로 부정법 동사이다. 들뢰즈는 다음과 같이 쓰고 있다.

> "동사는 … 아직 규정되지 않은 부정법의 형식에 있어 언어의 일의성이다. … 언어 안에서 하나인 모든 사건들을 표현함으로써, 부정법 동사는 언어의 사건을 표현한다."[190]

이뿐만 아니라 사건들의 표면으로서의 형이상학적 표면과 심층의 구별로부터 언어와 사물이 구별된다는 점에서 사건들은 다른 의미에서 언어를 가능하게 한다. 그리고 빈위(attribut)로서의 사건은 그것을 표현하는 명제 바깥에서는 실존할 수 없지만 명제로 환원되지 않으며, 동시에 물질적인 '사태'의 부대물이지만 이 사태와 구분된다. 그리고 "사태들에 부대하는 사건과 명제 안에 내속하는 의미는 동일한

---

189) 『의미의 논리』, 306쪽
190) 『의미의 논리』, 311쪽

존재이다."[191] 이런 의미에서 의미=사건은 명제와 사물의 '경계선' 위에 있다. 그리고 이러한 경계선은 명제의 차원과 사물의 차원을 '분리'시키기만 하는 것이 아니라 일종의 '절합(articulation)'을 수행한다. 왜냐하면, '역설적 요소'로서 우발점 혹은 대문자 사건의 이념적 잠재력이 이 두 차원 모두를 작동시키기 때문이다.

심층의 물질로부터 언어가 발생하는 첫 번째 과정은 이 심층의 물질에 상층의 좋은 대상의 개입으로 '목소리'가 상층으로부터 내려오는 과정이다. 이러한 목소리는 '전통을 나르는 가족적 목소리'이기에 이미 선재(先在)하는 것의 기호로서 제시된다. 이러한 목소리는 상층으로부터 내려오기에 심층의 물질도 아니지만, 아직 언어는 아니다. 왜냐하면, 아직 언어를 가능하게 하는 '사건'이 존재하지 않기 때문이다. 그리고 이러한 '목소리'는 무엇을 금지하는지는 아이로서는 알 수 없지만, 무엇인가를 금지하는 "신의 목소리"[192]이다.

또한 이러한 '목소리'를 통해서 지시 작용, 기호 작용, 현시 작용이 작동하지만, 목소리가 무엇을 지시, 기호화, 현시하는지는 아이로서는 알 수가 없다. 왜냐하면, 목소리는 아직 언어의 일의성으로서의 동사가 아니기 때문이다. 즉 지시 작용, 기호 작용, 현시 작용을 관통하는 일의성을 알 수 없으며 그렇기에,

---

191) 『의미의 논리』, 308쪽
192) 『의미의 논리』, 324쪽

"지시 작용들의 다의성, 그 기호 작용들의 유비, 그 현시 작용들의 다가성에 얽힌다. 왜냐하면 사실상, 목소리가 잃어버린 대상을 지시하는 것은 알 수 있어도, 그것이 무엇을 지시하는지는 알 수 없기 때문이다. 우리는 목소리가 무엇을 기호화하는지 모른다. 왜냐하면 목소리는 선재들의 질서를 기호화하기 때문이다. 우리는 목소리가 현시하는 것을 알지 못한다. 왜냐하면 목소리는 그 원리나 침묵으로의 물러남을 현시하기 때문이다."[193]

3. 동적 발생 Ⅱ: 물리적 표면의 형성과 접속

들뢰즈는 정신분석학에서 말하는 '지대'가 심층도 상층도 아닌 제3의 차원, 즉 표면을 형성함을 보인다. 더 정확히 말해서 '지대'는 도관(Orifice)을 통해 특이성들의 네트워크를 구축하여 형성되는 부분적 표면이다. 들뢰즈에 의하면 도관은 "모든 방향으로 뻗어갈 수 있는 … 한 특이성 주위의 표면 공간"[194]으로서 지대를 형성한다. 그렇다면 이러한 부분적 표면은 어떻게 형성되는 것일까? 그것은 초자아와 성적 충동에 의해 형성된다. 상층의 초자아는 심층

---

193) 『의미의 논리』, 324쪽
194) 『의미의 논리』, 328쪽

에 존재하는 파괴적인 충동으로부터 성적 충동으로서 리비도의 충동을 분리하기 위해 표면의 형성을 촉진한다.

이런 의미에서 들뢰즈는 초자아에 의해 리비도적 충동들이 '해방'된다고 말한다.[195] 이러한 리비도들의 '해방'은 파괴적인 충동들로부터의 해방인 동시에 보존 충동들로부터의 해방이기도 하다. 여기서 보존 충동은 심층의 흡입 또는 배설이라는 "양분적 체계"[196]를 의미한다. 그런데 유아에게서 이러한 보존 충동의 대상은 소유하기 어려운 것이다. 여기서 성적 충동이 개입하여 보존 충동의 대상을 다른 대상으로 '대체'한다. 이러한 새로운 대상은 하나의 '이미지'이다. 그리고 이 이미지는 지대들로 투사되고 이런 의미에서 각각의 지대들은 각기 다른 '이미지'를 갖는다. 이렇게 보존 충동의 대상을 '이미지'가 대체하게 됨으로 인해 성적 충동은 보존 충동으로부터 해방된다. 또한 성적 충동은 부분적 표면을 '생산'함으로써 파괴적 충동을 극복한다.

이렇게 성적 충동에 의해 심층의 부분 대상을 넘어서는 표면들이 구축된다는 점에서 "우리는 … 해방된 리비도를 진정한 표면 에너지로 보아야 한다."[197]

그리고 이 표면들은 생식대에 투사된 이미지로서 팔루스에 의해 접속하여 하나의 물리적 표면을 형성한다. 이러한 접속은 생식대에서 유출된 선들이 모든 지대를 이어주는 역할을 하기 때문에 가능하다. 그리고 표면에 이 선을 긋는 것은 팔루스이다.

---

195) 『의미의 논리』, 330쪽
196) 『의미의 논리』, 329쪽
197) 『의미의 논리』, 332쪽

"생식대에서 유출되는 이 선은 성감대들을 모두 이어주는, 그래서 이들 간의 접합재나 안감을 확보하고 모든 부분적인 표면들을 유아의 몸 위의 하나의 유일하고 동일한 표면으로 삼는 선이다."[198]

말하자면 성기는 심층에서는 나쁜 대상들로 조각나지만, 상층에서는 하나의 통합된 '좋은 대상'이다. 말하자면 성기는 심층에서는 공격하고 공격당하지만, 상층에서는 앞에서 설명했던 '목소리'에 상응하는 기관으로서 사랑을 준다. 이런 의미에서,

"부모의 성교는 우선은 순수 소음, 격렬함, 공격으로서 해석되지만 하나의 조직된, 동일한, 그리고 침묵할 수 있으며 유아를 실망시킬 수 있는 잠재력에 있어 거기에 포함된 목소리가 된다."[199]

이렇게 부모의 성교가 '공격'으로 해석되기 때문에 유아는 어머니를 상처받은 신체와 동일시한다. 또한 아버지를 상층의 좋은 대상과 동일시한다. 이렇게 오이디푸스가 도래하여 부모가 날카롭게 분리된 존재자가 된다. 그리고 유아는 심층의 페니스가 어머니의 몸에 야기하는 상처를 '치유'하려는 욕망을 가지게 되고, 상층의 '좋은 대상'으로서의 페니스가 자신의 생식대 위에 놓이리라고 기대한다. 즉,

198) 『의미의 논리』, 334쪽
199) 『의미의 논리』, 333쪽

"무의식 속의 각각은 이혼한 부모의 아들로서, 어머니를 치유하는 것을, 또 아버지를 소환함으로써 그 피난처로부터 끌어올 것을 꿈꾼다."200

4. 동적 발생 III: 물리적 표면에서 형이상학적 표면으로

이러한 의도들, 즉 어머니를 치유하려는 의도와 아버지를 소환하려는 의도는 '좋은 것' 혹은 '무구한 것'이다. 그러나 이러한 좋은 의도들은 어머니를 거세시키고 탈장시키며, 아버지를 배반하고 죽이는 결과를 낳는다. 이런 의미에서 '의도된 행위'와 '행해진 행위' 사이의 간극이 발생한다. 들뢰즈는 이렇게 의도되지 않은 행위는 능동과 수동을 넘어서는 '순수 사건'의 층위로서 형이상학적 표면을 형성한다고 말한다. 즉 '행해진 행위'는 능동과 수동의 '결과'이지만 능동이나 수동과는 다른 본성을 띠는 것이다. 이것은 들뢰즈의 '순수 사건'에 대한 기술과 일치한다. 들뢰즈에 의하면 순수 사건은 물체들을 원인으로 갖는 '효과'이다.

---

200) 『의미의 논리』, 339쪽

"능동과 수동(능동적 운동과 수동적 운동), 그리고 그때그때의 '사
태/상태'를 지닌 물체들. 이 사태 능동태와 수동태는 물체들의 혼
합에 의해 결정된다. … 모든 물체는 원인이다. 그러나 무엇의 원인
인가? 그들은 자신들과 전혀 다른 본성을 가진 어떤 것(=효과들)
의 원인이다."[201]

드디어 순수 사건의 장으로서 형이상학적 표면 혹은 선험적 표면이
등장한다. 그리고 환각은 이러한 순수 사건을 표상한다. 환각은 내적
원인[202]이나 외적 원인과 그 본성을 달리하는 '효과'이다.

더 나아가 환각은 순수 사건과 마찬가지로 수동과 능동, 상상적인
것과 현실적인 것, 내부적인 것과 외부적인 것에 대해 중성적인 이념
적 표면 위에 위치한다. 그리고 들뢰즈에 의하면 사건들은 "유일하고
동일한 환각의 변양태들 내에서"[203] 서로 소통한다.

또한 환각의 중성은 능동과 수동의 '변증법적 종합'과는 무관하다.
비록 이러한 변증법에 의해 에고가 소멸된다 하더라도 말이다. 이러
한 변증법적 종합은 'x하다' 혹은 'x를 당하다'가 아닌 '스스로에게 x
하다'과 같은 프랑스어에 있어서 대명동사에 의해 표현된다. 들뢰즈는
다음과 같이 쓰고 있다.

---

201) 『의미의 논리』, 48쪽~49쪽
202) 들뢰즈는 이 내적 원인으로서 "유전적 체질, 계통 발생적 유전 물질, 성의
내적인 진화, 투입된 능동들과 수동들"을 들고 있다(『의미의 논리』, 348쪽).
203) 『의미의 논리』, 349쪽

"이 입장은 설사 에고가 거기에서 소멸한다 하더라도, 이것은 마치 이것이 심층들의 생성과 이 생성이 함축하는 무한한 동일성에 있어 일어나는 듯이 대립자들의 그 어떤 동일성에 의한, 능동이 수동이 되는 일종의 전복에 의한 것이 아니라는 것을 보여준다.
그렇지만 이들이 대명 동사의 모델에 입각해 능동적인 것과 수동적인 것의 이 저편을 탐구할 때, 우리는 이들을 따를 수 없다. 이러한 작업은 여전히 에고에 호소하기 때문이며, 또 명시적으로 자가 성애적인 이편에 관련되기 때문이다. 대명 동사의 가치…는 프로이트에 의해 비판적으로 검토되었다. 그러나 이런 방식이, 하나가 다른 하나를 심화시킴에 의해서든 아니면 둘의 종합에 의해서든, 대립자들의 동일성이라는 관점을 넘어서는 것으로 보이지는 않는다."[204]

프로이트는 강박신경증의 경우를 이와 같은 능동성과 수동성이 '종합'된 경우라고 본다. 즉 다른 사람을 공격하려는 태도가 자기 자신을 스스로 공격하려는 태도로 바뀌게 되면서 새디즘도, 매저키즘도 아닌 강박신경증이 발생한다는 것이다. 프로이트는 다음과 같이 쓰고 있다.

"말하자면 능동적인 목소리가 수동적인 목소리로 바뀌는 것이 아니라 자기 반성적인 중용의 목소리로 바뀌는 것이다."[205]

---

204) 『의미의 논리』, 350쪽~351쪽
205) 지그문트 프로이트, 『무의식에 관하여』, 윤희기 옮김, 서울: 열린책들, 1997, 116쪽

그러나 변증법과 다른 의미에서 능동과 수동의 대립을 '초월하는' 것은 "무한한 또는 반성된 주체성"[206]이 아니라, '표면 효과 또는 사건'이다. 즉 순수 사건들로서의 특이성이다.

환각은 에고의 통제에서 벗어나 전 개체적이고 비인칭적인 특이성들을 '해방'시키기에 이른다. 이런 의미에서 환각의 중성은 어떠한 구별도 없는, '바닥 없는 심연'이 아니라 특이성들이 유동하는 선험적인 장으로서 형이상학적 표면을 의미한다. 그리고 앞의 「V. 선험적인 장과 정적 발생」에서 설명했듯이 이러한 사건들의 종합은 변증법적 종합이 아닌, '차이'와 '거리'를 긍정하는 '이접적 종합'이다.

또한 앞에서 개별자가 순수 사건과 자신을 동일시할 수 있음을 보았다. 특히 "개체성은 환각 자체라는 사건과 혼동"[207]된다. 그리고 이렇게 순수 사건과 자신을 동일시하는 에고에게 다른 모든 사건은 다른 개체 혹은 다른 개체들의 계열로 이해된다. 그리고 이러한 다른 개체=사건 들을 이 개체가 통과하고 주파함으로써 '사건들 사이의 소통'이 이루어지고, 사건들 사이의 차이와 거리를 긍정하는 '이접적 종합'이 이루어진다. 이런 의미에서 동적 발생 또한 '주사위 놀이' 혹은 '이념적인 놀이'와 깊은 관련이 있다.

"환각은 그것이 드러내는 주사위 놀이들…로부터 분리되지 않는다. 그리고 유명한 문법적 변형들…은 매번 이접들 내에 배분된 특

---

206) 『의미의 논리』, 352쪽

207) 『의미의 논리』, 352쪽

130 | 들뢰즈 사상의 9가지 테마

이성들의 솟아오름을 표시한다(모든 특이성들은 매 경우 사건 안에서 소통하며, 모든 사건들은 한 동일한 던짐에서의 주사위 놀이들에서처럼 하나 안에서 소통한다). 우리는 여기에서 있는 그대로의 거리의 원리의 예를 그것(거리)에 표지판을 세우는 특이성들과 더불어 다시 찾는다. 그리고 이접적 종합(모순의 종합이 아니다.)의 긍정적인 사용을 되찾는다."[208]

이러한 환각으로서의 순수 사건은 '부정법 동사'로 표현되는데, 이 부정법은 '모든 시제, 모든 법과 태'로부터 독립되어 있다. 그리고 '시제', '법', '태'와 함께 '인칭' 또한 이 순수 부정법에서 태어난다. 말하자면 명제는 시제, 법, 태를 가지고 있고 부정법 동사로 표현되는 순수 사건은 명제로 표현되지만 동시에 이러한 명제적인 것으로부터 독립된 '문제'를 함축하고 있다.

들뢰즈에 의하면 '승화'를 통해 성적인 표면뿐만 아니라 "심층과 그 대상들, 상층과 그 현상들"[209]까지도 형이상학적 표면에 투사된다. 이러한 표면은 바로 '사유'의 표면이며, 이러한 사유는 그 자신의 에너지를 통해 '상징작용(symbolisation)'을 수행함으로써 스스로를 발생시킨다. 그리고 환각은 이러한 사유의 탄생을 반복하며 이런 의미에서 '영원회귀의 터전'이다.

---

208) 『의미의 논리』, 352쪽~353쪽
209) 『의미의 논리』, 360쪽

"환각은 끊임없이 사고의 탄생을 흉내 내며, 또 이 탄생을 초래하는 행동에 사로잡혀서 탈성화, 승화, 상징화를 재시작한다."[210]

이렇게 환각이 사유의 탄생을 반복한다는 점에서 환각은 "비물체적인 것의 구성 과정"[211]이다. 또한 사유는 형이상학적 표면으로 투사된 것에 투자한다/달라붙는다(investir).[212] 이렇게 사유가 투자하는/달라붙은 대상은 이렇게 형이상학적 표면으로 투사된 것에 대한 형태변이(metamorphosis)로서 대문자 사건이다. 사유는 대문자 사건의 효과화 불가능한 부분과 함께 이 일을 수행한다.

　지금까지 말한 것을 종합하자면 사물은 승화, 상징화, 형태변이를 통해서 노에마적 빈위(noematic attribut)이자 노에시스적으로 표현 가능한 것으로 변환된다. 이와 같은 변환은 사물로부터 순수 사건으로 나아가기에 '역효과화'로 볼 수 있다. 그리고 이와 같은 순수 사건의 층위가 바로 형이상학적 표면이다.

"죽는 것과 죽이는 것, 거세하는 것과 거세당하는 것, 치유하는 것과 소환되는 것, 상처입히는 것과 후퇴하는 것, 게걸스럽게 먹는 것과 먹히는 것…이 순수한 사건들이 되는 것은 바로 여기 … 형이상학적 표면에서이다."[213]

---

210) 『의미의 논리』, 361쪽
211) 『의미의 논리』, 361쪽
212) investir는 '투자하다'라는 뜻과 '달라붙다'라는 뜻이 있다.
213) 『의미의 논리』, 363쪽

5. 동적 발생 Ⅳ: 언어의 형성

이제 언어의 형성을 다룰 차례이다. 앞서 우울증적 위치로 나아감으로써 소음에서 목소리로 나아간다는 것을 보았다. 그런데 우리가 주의할 것은 유아의 언어 능력을 과소평가해서는 안 된다는 것이다. 유아는 오히려 '음소들 사이의 미분적 관계들'을 파악하는 능력이 뛰어나다. 말하자면 유아들은 음소들의 미세한 차이를 지각한다.

> *"유아가, 그가 아직 이해하지 못하는 어떤 기존 언어에 도달하는 것이 사실이라 해도, 아마 역으로 그는 우리의(성인의) 언어에서 더 이상 포착할 수 없는 것(음운론적 관계들, 음소들의 미분적 관계들)을 포착할 것이다.*
> *유아가 모어에서의 음운론적 구분들에 몹시 민감하며, 반면 다른 체계에 속하는 종종 보다 큰 변이들에는 무관심하다는 사실이 지적되어 왔다."[214]*

들뢰즈에 의하면 음소들은 성감대들에, 형태소들은 팔루스적 단계에, 의미소들을 거세 콤플렉스에 연결시킬 수 있다. 서로 다른 성감대마다 존재하는 음소들이 '수렴하는 연속적 계열'을 이루는 것은 팔루스에 의해 하나의 물리적 표면이 형성될 때이다. 이러한 음소들의

---

214) 『의미의 논리』, 375쪽

계열들의 수렴은 '형태소'를 구성한다. 그리고 오이디푸스와 거세 콤플렉스가 도래하여 팔루스가 라캉이 말하는 대상=x가 될 때 계열들이 발산하고, 이 대상=x에 의해 이 계열들이 소통하고 공명하게 됨으로써 '의미소'가 구성된다.

이와 같이 음소, 형태소, 의미소라는 언어를 형성하는 요소들이 구성됨에도 불구하고 이 요소들이 '언어적 통일체'로 구성되지 않기에 아직 언어는 존재하지 않는다. 그럼에도 이러한 언어를 형성하는 요소와 함께 '파롤'이 시작된다. "파롤은 표면에서 언어의 형성적 요소들이… 추출될 때 시작된다."

그러나 아직 유아는 사건=의미를 형성하지 못한다. 이렇게 물리적 표면의 조직화는 아직 의미의 조직화는 아닌 것이다. 그런데 발산하는 성적 계열들, 더 구체적으로 말해서 전 생식적 계열과 오이디푸스 계열의 공명은 이 계열들을 넘쳐흐르는 강요된 운동을 일으킨다. 이 탈성화된 강요된 운동은 일종의 타나토스로서 "시원적 심층과 형이상학적 표면, 심층들의 식인적 파괴적 충동들과 사변적인 죽음본능 사이에서"[215] 동요한다.

강제적 운동은 이렇게 심층으로 떨어지게 만들 수도 있지만, 물리적 표면을 넘어선 형이상학적 표면을 구성하게도 할 수 있다. 말하자면 성적인 계열들이 아닌 '먹기'의 계열들과 '생각하기'의 계열들이 구성된다. 들뢰즈는 이런 의미에서 동적 발생에는 네 개의 계열들이 필요하다고 말한다. 두 개의 성적 계열들과 먹기의 계열과 생각하기의

---

215) 『의미의 논리』, 390쪽

계열. 들뢰즈는 다음과 같이 쓴다.

"성적인 두 계열의 공명 운동은 강제적 운동을 유도한다. 그리고
이 강제적 운동은 신체의 심연으로 파고듦으로써, 또 정신적 표면
으로 스스로를 엶으로써, 또 … 두 새로운 계열이 태어나게 함으
로써 … 삶의 기초와 테두리들을 넘어서 버린다."[216]

그리고 이러한 역동적인 운동의 '결과'로서 '동사'가 형이상학적 표
면에 새겨진다. 그리고 '먹기'조차도 물리적 운동이 아닌 '동사'로서 형
이상학적 표면에 '투사'된다. 이로써 "입과 뇌의 싸움"[217]은 끝나게 된
다. 그리고 동사는 입을 형이상학적 표면에 투사하고 이 승화된 입을
형이상학적 표면 위에 있는 이념적 사건들로 채운다.

동사는, 즉 타나토스로서 강제된 운동에 의해 그 결과로서 형이상
학적 표면에 새겨지는 '동사'는 말없이 침묵을 지키며 정신분석에서
'이차적 조직화'라고 말하는 것을 진행시킨다. 그리고 이러한 이차적
조직화는 '언어의 모든 배치의 원천'이 된다. 그리고 선험적인 장으로
서 형이상학적 표면의 자가 통일화를 이루는 것은 '무의미'로서 우발
점에 의해서이다. 들뢰즈는 다음과 같이 쓴다.

"일차적 파롤들은 우리에게, 형성된 단위들에 이르지 못한 채, 형

---

216) 『의미의 논리』, 390쪽
217) 『의미의 논리』, 391쪽

성적 요소들만을 줄 뿐이다. 언어가 존재하기 위해서는, 그리고 언어의 세 차원에 부합하는 파롤의 충만한 사용이 조재하기 위해서는, 동사와 그 침묵을, 형이상학적 표면 위에서의 의미와 무의미의 조직화를 거쳐야 한다."[218]

6. 결론

이로써 동적 발생이 해명되었다. 이러한 동적 발생은 정적 발생의 역의 과정으로서 '역효과화'의 과정이다. 들뢰즈가 만약 정적 발생만 주장했다면 잠재적인 것 혹은 선험적인 장에 어떻게 도달할 수 있는지는 미지수였을 것이다. 그러나 동적 발생이 해명됨으로써 선험적인 표면이 어떻게 물질로부터 구축될 수 있는지를 우리는 알게 되었다. 그리고 우리는 정적 발생의 이론뿐만 아니라 동적 발생의 이론도 주사위 놀이라는 개념과 깊은 연관이 있음을 알게 되었다. 왜냐하면, 사건들 사이의 이접적 종합은 동적 발생 이론에서도 중요한데, 이러한 사건들의 이접적 종합을 설명하는 것이 바로 주사위 놀이이기 때문이다.

---

218) 『의미의 논리』, 392쪽

참고 문헌

지그문트 프로이트, 『무의식에 관하여』, 윤희기 옮김, 서울: 열린책들, 1997

질 들뢰즈, 『의미의 논리』, 이정우 옮김, 서울: 한길사, 2015

홍준기, 『라캉, 클라인, 자아 심리학』, 서울: 새물결 출판사, 2017

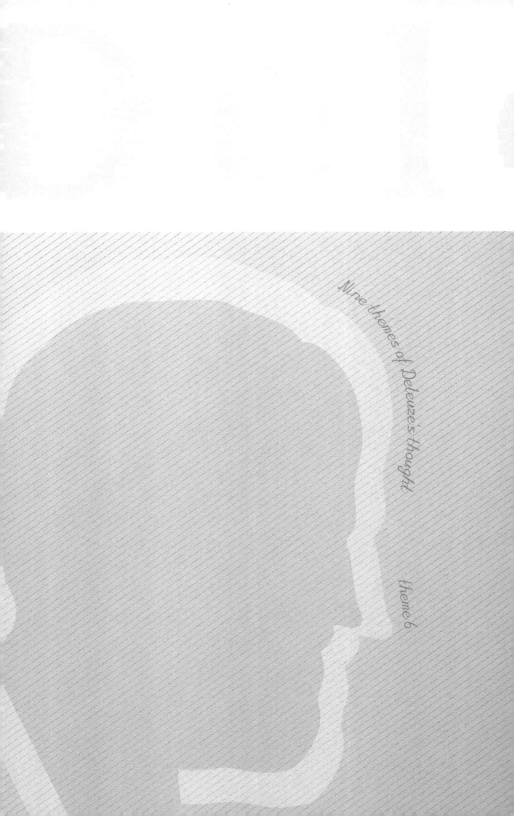

VI

윤리의
문제

1. 서론

        들뢰즈는 스피노자와 니체에 의한 윤리학의 혁신을 받아들인다. 이 둘의 윤리학은 금지, 부정, 원한, 슬픔의 윤리학이 아닌 긍정과 기쁨의 윤리학이다. 또한 칸트의 윤리학과 같은 초월성에 기댄 윤리학이 아닌 순수 내재성의 윤리학이다. 니체의 윤리학은 공리주의와 같은 '이익'의 윤리학이 아닌 '증여' 속에서 기쁨을 발견하는 윤리학이며, 스피노자의 윤리학은 '관계의 합성' 속에서 역량을 증대시키는 윤리학이라는 점에서 이 둘 모두 코뮤니즘 윤리학의 기초가 될 수 있다.

  이 둘의 윤리학은 모두 '표상'과 '인정'의 윤리학에서 벗어나 있다는 점에서 일치한다. 들뢰즈에 의하면 니체의 권력의지는 의지가 자신의 외부에 있는 권력을 표상하고 원한다는 것을 의미하지 않으며, 스피노자에게 있어서 affect는 표상을 넘어서 있다. 또한 니체와 스피노자는 다른 사람으로부터 '인정'과 '칭찬'을 받으려는 인간의 허영심을 비판한다.

  이런 의미에서 들뢰즈는 스피노자와 니체로부터 헤겔 윤리학을 넘어설 수 있는 무기를 얻는다.

2. 차이의 향유

들뢰즈는 니체의 윤리학을 '차이의 향유'라고 규정짓고 있다. 즉 니체에게 있어서 주인의 윤리는 다른 사람을 '부정'하는 데에서 출발하는 것이 아니라 자신을 '긍정'하는 데에서 출발하며, 다른 사람과의 '차이'를 긍정하는 데에서 출발한다.

"부정적인 개념으로 말하자면 … 그것은 삶과 열정에 배어든, 근본적인 개념과의 비교 속에 뒤늦게 탄생한 희미한 대비일 뿐이다."[219]

이러한 '부정'의 윤리학에 대한 공격이 겨누는 것은 바로 헤겔적인 변증법이다. 이제 부정의 노동은 차이의 향유, 또는 차이의 놀이로 대체된다. 헤겔식 변증법에서 자아는 자신이 아닌 다른 것을 '부정'함으로서만, 즉 '부정의 부정'으로서만 성립하는데, 이런 의미에서 이 자아는 니체식으로 말하자면 '노예'인 것이다. 니체는 이런 이유에서 변증법을 천민적인 것으로 보고 있다. 니체는 소크라테스가 이러한 천민적인 본능을 그의 논법을 통해서 잘 보여주었다고 말하고 있다. 소크라테스의 변증술은 타인을 '부정'함으로서만 자신을 긍정하기 때문이다.

"무엇보다 귀족적 취향이 패배하고 있다. 변증법과 함께 상민이 올

---

219) 질 들뢰즈, 『니체와 철학』, 이경신 옮김, 서울: 민음사, 2008, 30쪽

라서는 것이다. … 변증가는 논적이 가진 지능의 활력을 박탈해 버리고 만다. 뭐? 변증법이 소크라테스의 경우에 있어서 복수의 한 형식에 불과하단 말인가?"[220]

이와 같이 소크라테스가 논적들을 논파했다고 해서 '천민성'을 극복하지 못하듯이 변증법은 '노예의 관점'을 극복하지 못하는데, 왜냐하면 자신의 우월성을 다른 사람이 인정해 주길 바라는 것은 노예에 불과하기 때문이다. 이런 의미에서 들뢰즈는 헤겔이 '인정투쟁'이라는 개념을 통해 제안하는 주인은 기껏해야 노예가 꿈꾸는 주인이고, 출세한 노예에 불과하다고 말한다. 들뢰즈는 다음과 같이 쓴다.

"주인-노예 관계의 그 유명한 변증법적인 측면은 사실상 다음과 같은 점에 의존하고 있다. 즉 권력이 거기서 권력의지로 이해되는 것이 아니라, 권력의 표상으로서, 우월성의 표상으로서, '어떤 이'에 의한 '다른 이'의 우월성에 대한 인정으로 이해된다는 점이다. … 인정의 대상, 표상의 재료, 경쟁의 목표로만 권력을 이해하며, 따라서 투쟁이 끝난 후 권력을 단순히 기존 가치들에 결부시키는 것은 바로 노예이다."[221]

들뢰즈에 의하면 적극적인 힘은 긍정의 권력의지와 동맹을 맺고 있

---

220) 프리드리히 니체, 『우상의 황혼』, 송무 옮김, 서울: 청하, 2004, 31쪽
221) 『니체와 철학』, 33쪽

고 반응적인 힘은 부정의 권력의지와 동맹을 맺고 있다. 들뢰즈에 의하면 적극적인 힘은 긍정되는데 오직 차이를 긍정함으로만 긍정되고 이런 의미에서 귀족적이라면 반응적인 힘은 "적극적인 힘을 제한하고, 그것에게 부분적인 제한과 한계를 강요하며, 이미 부정의 정신에 의해 점유되어 있다."[222] 그리고 이 반응적인 힘은 차이를 부정하고 '무리 본능'을 앞세우게 된다. 이와 같은 의미에서 들뢰즈는 기원 내에서의 '차이'를 밝히는 기술로서의 '계보학'의 희화화된 이미지가 바로 '진화론'이라고 말한다. 들뢰즈는 다음과 같이 쓰고 있다.

> "계보학은 차이나 구분의 기술이고, 귀족 계급의 기술이다. 하지만 그것은 반응적 힘들의 거울 속에서 자신을 거꾸로 본다. 그때 그것의 이미지는 '진화'의 이미지로 나타난다. 그리고 사람들은 그 진화를 때로는 독일식으로 변증법적이고 헤겔적인 진화로, 모순의 발전으로 이해하고, 때로는 영국식으로 공리주의적 방향으로, 이득과 이익의 발전으로 이해한다."[223]

니체는 이와 같은 의미에서 『도덕의 계보학』에서 영국의 도덕사학자들을 비판하고 있다. 니체에 의하면 이 영국의 도덕사학자들은 비이기적인 행위는 그 행위를 통해 이득을 얻은 사람들에 의해 좋다고 일컬어졌으나 그 기원이 망각되어 마침내 이 행위들은 습관적으로 좋다

---

222) 『니체와 철학』, 112쪽
223) 『니체와 철학』, 112쪽~113쪽

고 칭송되어 그 행위 자체가 좋은 것처럼 여겨지게 되었다고 말하고 있다.

니체는 이와 같은 주장이 모순을 내포하고 있음을 밝힌다. 왜냐하면, 비이기적인 행위가 미덕이라면 그 행위가 좋다는 인식은 언제나 강조되어 망각될 수 없기 때문이다. 이뿐만 아니라 니체는 이와 같은 주장에서 이기적/비이기적이라는 대립 자체가 천민적인 것이고 "무리 본능"[224]에 의한 것이라고 말한다. "귀족적 가치 판단이 몰락할 때 비로소 '이기적', '비이기적'이라는 이러한 대립 전체가 인간의 양심에 자꾸만 떠오르게 된다."[225]

또한 니체는 이러한 영국 공리주의자들이 수동적이고 반응적인 것에서 "진정으로 효과적인 요소, 주도적인 요소, 발전에 결정적인 요소"[226]를 찾으려 한다고 비판하고 있다.

니체는 이와 같이 영국 공리주의자들을 반박하면서 도덕의 기원을 '주인'의 '차이'에 대한 감정, 즉 '거리의 파토스'에서 찾고 있다.

---

224) 프리드리히 니체, 『도덕의 계보학』, 홍성광 옮김, 고양: 연암서가, 2011, 29쪽
225) 『도덕의 계보학』, 29쪽
226) 『도덕의 계보학』, 25쪽~26쪽

3. 기독교적 파토스와 비극적 파토스

들뢰즈는 흥미롭게도 사지가 찢긴 디오니소스와 십자가에 못 박힌 예수가 사실은 동일한 현상이지만 정반대되는 삶과 고통에 대한 해석들이 이 둘에 투영된다고 말한다. 디오니소스의 삶은 고통을 긍정하는 삶으로 해석되며, 예수의 고통은 삶을 비난받게 하고 삶을 정당화되어야 하는 것으로 만드는 고통으로 해석된다. 기독교는 여기서 한 걸음 더 나아가 이러한 삶의 고통을 '죄'로 해석한다. "삶은 죄인이기에 고통받아야 한다."[227] 그리고 이러한 고통스러운 삶은 '믿음'에 의해 구원받아야 한다는 것이 기독교적인 사고방식이다. 결국 기독교적 기쁨은 '고통을 해소하는' 기쁨인 반면, 디오니소스적인 기쁨은 삶의 조건으로서의 고통을 긍정하는 기쁨인 것이다. 이런 디오니소스적인 기쁨의 파토스 속에서는 현존은 결백하며 정의롭다.

말하자면 디오니소스적 광기가 있고 기독교적 광기가 있으며, 디오니소스의 사지가 찢기는 죽음이 있고 예수의 십자가에서의 죽음이 있다. 그럼에도 불구하고 디오니소스적인 것과 기독교적인 것이 극명한 대립을 이룬다면, 그것은 이 둘의 고통의 차이 때문이다.

기독교적 고통은 삶의 결핍으로 인한 고통인 반면에 디오니소스적인 고통은 삶의 충만함과 넘쳐흐름에서 오는 고통인 것이다. 삶의 충만으로 고통스러운 자들은 이러한 고통조차도 긍정하는 반면 삶의

---

227) 『니체와 철학』, 43쪽

결핍으로 고통스러운 자들은 고통을 이유로 삶을 비난(부정)하고 구원자를 찾게 된다. 결핍으로 인해 고통스러운 자들은 이러한 구원자에 의한 모순의 해결을 부르짖게 된다. 즉 이들은 실천적 변증법자가 된다. 들뢰즈는 다음과 같이 쓴다.

> "디오니소스의 사지가 찢긴 죽음은 다수의 긍정의 직접적인 상징이고, 예수의 십자가, 십자가의 기호는, 모순과 그것의 해결의 이미지이며, 부정적 노동에 종속된 삶이다. 발전된 모순, 모순의 해결, 모순의 화해와 같은 이 모든 개념들은 니체에게 낯선 것이 되었다."[228]

이런 의미에서 비극은 긍정이며 우울하기보다는 명랑하며 경쾌하다. 니체에 의하면 비극적 영웅은 명랑하며, 우리를 경쾌하게 만든다. 이런 의미에서 비극적 영웅은 춤추고 놀이하는 영웅이다. 그리고 디오니소스는 주사위 놀이를 한다.

> "우리를 경쾌하게 만들고, 우리에게 춤을 가르치고, 우리에게 놀이의 본능을 부여하는 것은 디오니소스의 임무이다. … 주사위를 던진 자는 바로 디오니소스이다. 바로 그는 춤추고, 변신하고, '폴리게트(Polygethes)', 즉 무수한 기쁨들의 신으로 불린다."[229]

---

228) 『니체와 철학』, 45쪽~46쪽
229) 『니체와 철학』, 48쪽~49쪽

이런 의미에서 주사위 놀이는 니체적 의미에서 비극적인데, 왜냐하면 비극은 다수의 순수 긍정이자 이러한 다수 속에서 반복되는 하나의 긍정이기 때문이다. 반면 변증법과 기독교는 하나의 희극(코미디)이다.

실제로 들뢰즈는 니체의 주사위 놀이 개념이 디오니소스 신화에서 많은 것을 차용하고 있다고 말한다. 예를 들어 『차라투스트라는 이렇게 말했다』에서 주사위들 아래에서 갈라지는 대지는 화염을 뱉어내는데, 다수를 단번에 긍정하는 능력을 상징하는 이 '불'은 디오니소스 신화의 요소이다. 들뢰즈는 다음과 같이 쓰고 있다.

"혼돈-불-성좌의 이미지들의 놀이는 디오니소스 신화의 모든 요소들을 결집시키고 있다. 또는 이 이미지들이 오히려 소위 디오니소스적 놀이를 형성한다. 어린 아이인 디오니소스의 장난감들. 다수적 긍정과 찢겨진 자신을 긍정하는 하나. 디오니소스의 가열 혹은 다수로 자신을 긍정하는 하나. 디오니소스와 아리아드네에 의해서 하늘에 춤추는 별로서 놓여진 성좌. 디오니소스의 회귀, '영원회귀의 주인'인 디오니소스."[230]

이런 의미에서 니체의 영원회귀에 대한 사변적이고 존재론적인 가르침은 실천적이고 윤리적인 가르침과 직결된다. 니체의 사변적 가르침이 차이, 다수, 우연이 어떠한 부정도 포함하고 있지 않다는 것이

---

230) 『니체와 철학』, 71쪽

라면 "차이는 행복하다는 것, 다수, 생성, 우연은 충분하며, 그 자체로 기쁨의 대상이라는 것, 기쁨은 되돌아온다는 것"[231]이 니체의 실천적 가르침이다.

4. 스피노자와 행동학적 윤리학

　　　　　스피노자 또한 이러한 사변적인 긍정의 존재론을 실천적인 기쁨의 윤리학과 연결시킨다. "윤리학적 기쁨은 사변적 긍정의 상응 개념이다."[232] 스피노자는 동물들을 아리스토텔레스적 의미에서의 유(類)와 종(種)에 따라서, 혹은 형식과 기능에 따라서 규정짓지 않는다. 스피노자는 (1) 개체를 구성하는 분자들 사이의 빠름과 느림, 운동과 정지의 관계들 (2) 이러한 관계에 상응하는 변용 능력에 의해 개체를 규정한다.

> "한편으로 … 한 신체의 개체성을 규정하는 것은 분자들 사이의 운동과 정지의 관계들, 빠름과 느림의 관계들이다. 다른 한편으로 … 한 신체를 그 개체성 속에서 규정하는 것은 또한 이 변용시키고

---

231) 『니체와 철학』, 327쪽
232) 질 들뢰즈, 『스피노자의 철학』, 박기순 옮김, 서울: 민음사, 2017, 47쪽

변용될 수 있는 능력이다."*233*

들뢰즈는 『스피노자의 철학』에서 내재성의 평면이 (1)에 해당하는 것으로서의 경도와 (2)에 해당하는 것으로서의 위도로 구성된 것이라고 말한다. 그런데 (1)의 관계들은 '상황이나 변용 능력들에 따라 실행되고 실현되는 방식이 존재'한다. 관계는 변용의 정도에 따라, 그 변용이 약인지 독인지에 따라 아주 다른 방식으로 실행된다.

또한 스피노자에게서 중요한 것은 이러한 신체들 사이의 관계들과 능력들의 결합이다. 예를 들어 사과의 신체와 '나의 신체를 구성하는 관계'들이 온전히 결합한다면 사과의 능력은 나의 능력에 첨가된다고 말할 수 있고, 이렇게 나의 능력을 증대시키는 변용은 나에게 '기쁨'을 가져온다. 그러나 만약 사과가 독사과여서 '나의 신체를 구성하는 관계'들이 해체된다면 사과는 나의 능력을 감소시킨다고 말할 수 있고, 이렇게 나의 능력을 감소시키는 변용은 나에게 '슬픔'을 가져온다.

이러한 관계와 능력의 결합 문제는 곧바로 사회적이고 정치적인 문제와 연관된다. 하나의 신체를 구성하는 관계들과 다른 신체를 구성하는 관계들이 결합하여 더 큰 능력을 갖는 하나의 신체에 상응하는 관계를 구성할 수 있을 것인가? 들뢰즈는 다음과 같이 쓴다.

"지금 문제가 되고 있는 것은 관계들이 … 직접적으로 서로 결합하여 보다 '확장된' 새로운 관계를 구성할 수 있는지, 혹은 능력들이

---

233) 『스피노자의 철학』, 162쪽

서로 직접적으로 결합하여 하나의 능력, 즉 보다 '강력한' 능력을 구성할 수 있는지를 아는 것이다. 문제가 되는 것은 이용 혹은 포획이 아니라 사회 관계와 공동체이다. 어떻게 개체들은 서로 결합하여 보다 우월한 개체를 형성하는가?"[234]

이렇게 '타자'와의 관계의 온전한 결합을 꾀함으로써 자신의 능력을 확장하는 것이 스피노자 윤리학이다. 이런 의미에서 스피노자의 윤리학은 기존의 도덕과는 완전히 다른 것이다. 이렇게 관계들의 합성을 통해 기존의 개체를 뛰어넘는 새로운 개체를 형성하는 과정은 무한히 이루어질 수 있다. 즉,

"'개체' 자신은 더 복잡한 또 다른 관계 속에서 다른 '개체'의 부분이 될 수 있으며, 이러한 일이 무한대로 계속된다. … 각 개체는 하나의 무한한 다양체이며, 전체 '자연'은 다양체들의 완전히 개체화된 다양체이다."[235]

이러한 신체 관계들의 결합 통일성과 공통성에 대한 표상이 바로 '공통 개념'이다. 이런 의미에서 공통 개념의 발생은 기쁨의 변용(affection) 혹은 기쁨의 아펙트(affect)와 깊은 관련이 있다. 이러한 공통 개념들은 더 많은 신체에 공통될수록 더 일반적이고, 두 신체

---

234) 『스피노자의 철학』, 187쪽
235) 질 들뢰즈, 펠릭스 가타리, 『천 개의 고원』, 김재인 옮김, 서울: 새물결, 2003, 482쪽

예를 들어 나의 신체와 다른 신체의 만남에서 관계들의 결합이 형성될 때 최소한의 일반성을 갖는다. 그리고 들뢰즈는 스피노자의 철학을 이해하는 데에 있어서 매우 중요한 것이 바로 이러한 최소한의 일반성에서 얻는 수동적 기쁨에서 능동적 기쁨으로의 이행이 공통 개념에 의해 이루어진다는 점이라고 말한다. 공통 개념은 필연적으로 적합한 개념이며 적합한 관념은 우리의 작용 역량을 증대시키기에, 능동적인 아펙트를 형성한다. 이 공통 개념에 의해 형성된 능동적인 아펙트는 더 일반적인 공통 개념을 형성하기 때문이다.

이와 같은 의미에서 연쇄작용이 일어나 공통 개념의 일반성은 점차로 증가하고, 기쁨의 크기와 능동성도 증가하게 된다. (사실 스피노자의 체계에서 능동적인 슬픔은 있을 수 없는데, 왜냐하면 슬픔은 작용 역량의 감소이고, 이는 수동성이기 때문이다.) 여기서 주의해야 할 것은 스피노자의 '공통 개념'을 '공통 감각'이나 '공통 이미지'와 구분해야 한다는 점이다. 이러한 개별자에 대한 '공통 감각'을 통해 유와 종 등의 개념으로 비약하는 것은 우리의 사유 능력을 보여주는 것이 아니라 사유의 무능력을 보여준다. 이러한 공통 감각론을 통해,

"우리는 미세한 차이들을 무시하게 되는데, 정확히 그 이유는 대상들의 수가 우리 상상능력의 한도를 넘어서면 대상들이 서로 혼동된다는 점에 있다."[236]

---

236) 질 들뢰즈, 『스피노자와 표현 문제』, 현영종·권순모 옮김, 서울: 그린비, 2019, 340쪽

즉 개별자의 수가 인간이 자신 안에서 "분명하게 형성할 수 있"[237] 는 표상의 수를 초과하게 되면, 미세한 차이가 나는 것들을 유사성으로 환원하여 동일한 것으로 묶는다는 것이다.

5. 인식과 윤리의 문제

스피노자는 이와 같은 '공통 감각'에 의한 인식과 구분되는 '공통 개념'에 의한 인식이 2종의 인식이라고 말한다. 먼저 스피노자의 제1, 2, 3종의 인식이 어떻게 구별되는지 살펴보도록 하자.

제1종의 인식은 '기호'에 의한 인식이다. 여기에는 '기호'와 '지시 대상'의 관계가 자의적인 일상언어와 같은 '상징'이 포함된다. 예를 들어 '과일'이라는 음성과 과일이라는 사물은 "아무런 유사성도 공통점도 없"[238]지만 인간 자신의 신체가 이 둘에서 동시에 자극받았고, 이것이 습관적으로 반복되었기 때문에 '과일'이라는 낱말을 들었을 때 우리는 과일을 생각하게 된다. 스피노자는 이와 같은 '상징'뿐만 아니라 많은 경우에 '기호'의 힘은 '습관'에 의한 '연합'에 기초한다고 말한다.

237) 베네딕투스 데 스피노자, 『에티카』, 강영계 옮김, 파주: 서광사, 2020, 126쪽
238) 『에티카』, 110쪽

스피노자는 다음과 같이 쓴다.

"모든 사람은 자신의 습관이 사물의 상을 신체 안에서 질서 지어
놓은 데 따라서 하나의 사유에서 다른 사유로 옮겨갈 것이다."[239]

예를 들어 모래밭의 말 발자국을 보고 전사는 기사나 전쟁을 떠올
리지만, 농부는 쟁기와 밭을 떠올릴 것이다. 이와 같은 의미에서 '습
관'과 '연합'에 의한 1종의 인식은 우리를 강력하게 제약하고 있다. 스
피노자는 이와 같은 1종의 인식이 오류의 원천이라고 말한다.

반면에 2종의 인식은 공통 개념에 의한, 그리고 이러한 공통 개념
과 함께 작동하는 이성에 의한 인식으로서 필연적으로 참이다. 이러
한 공통 개념에 의한 2종의 인식은 그러나 공통적인 실존 양태, 다
른 말로 하자면 실존 양태들의 합성의 공통성에 대한 인식일 뿐 아
직 사물의 본질에 대한 인식은 아니다. 즉 2종의 인식이 관계, 관계
의 합성, 그리고 그 합성의 법칙에 대한 인식이라면 3종의 인식은 본
질에 대한 인식인 것이다.

우리는 앞에서 기쁜 마주침을 통해 2종의 인식으로서 공통 개념을
형성하고, 이러한 적합한 관념으로서의 공통 개념을 통해 능동적인
기쁨으로 나아갈 수 있음을 보였다. 그렇다면 2종의 인식에서 3종의
인식으로 넘어갈 수 있는 방법은 존재하는가?

우선 공통 개념은 그 자신의 수준에서 신을 표현하는데, 이를 통

---

239) 『에티카』, 110쪽

해 우리가 신 관념에 도달하면 우리는 3종의 인식에 도달한다. 이 신 관념은 속성에 대한 새로운 가치평가를 하도록 우리를 몰아세운다. 속성은 이제 모든 양태에 공통적인 성질로만 이해되지 않고, 동시에 실체에 그 개별적 본질을 귀속시키는 것이자[240] 양태들의 특수한 본질 또한 담고 있는 것으로서 이해된다. 3종의 인식이란 '신의 어떤 속성들의 형상적 본질에 대한 적합한 관념에서부터 사물들의 본질에 대한 적합한 인식에까지' 나아가는 것을 의미한다.

들뢰즈는 우리가 신적인 존재가 아닌 이상 먼저 신의 본질을 표현하는 공통 개념을 형성하는 작업부터 수행해야 하며, 이러한 공통 개념으로부터 신 관념을 형성하고 신의 형상적 본질에 대한 적합한 관념을 획득하고 이를 통해 개별 사물들의 본질에 대한 적합한 인식으로 나아가는 매우 복잡한 과정을 거쳐야 최고의 인식으로서 3종의 인식에 도달할 수 있다고 말한다. 실제로 스피노자는 그리스도가 이러한 공통 개념을 거치지 않고 그리스도에게 있어 "신의 실존은, 모든 본질과 본질의 질서와 마찬가지로, 그 자체로 인식된다."[241]라고 말한다.

---

240) 들뢰즈는 다음과 같이 쓴다. "속성은 귀속되는 것이 아니라, 이를테면 '귀속시키는 것'이다. 각각의 속성은 어떤 본질을 표현하며 그것을 실체에 귀속시킨다. … 이런 의미에서 스피노자에게 속성들은 표현적 가치를 갖는 참된 동사들이다. 즉 속성들은 역동적이며, 그것들은 … 유일한 실체에 무언가를 귀속시킨다." (『스피노자와 표현 문제』, 45쪽)
241) 『스피노자와 표현 문제』, 372쪽

들뢰즈는 또한 3종의 인식의 능동성은 2종의 인식의 능동성과는 차이가 있을 수밖에 없다고 말한다. 왜냐하면, 2종의 인식에 머무를 때 우리는 나의 본질, 나의 신체의 본질에 대해서 알지 못하기 때문이다. 실제로 스피노자는 '사물들을 영원한 상 아래에서 파악'하는 '이성의 본성'에 속하는 2종의 인식과 '신체의 본질을 영원한 상 아래에서 생각하는' 3종의 인식을 구분하고 있다.[242] 이런 의미에서 3종의 인식 속에서 우리는 신 안에 있는 "우리 자신을 있는 그대로의 모습으로 되찾는 것이다."[243]

그리고 3종의 인식 속에서의 능동적인 기쁨은 2종의 인식 속에서의 능동적인 기쁨과 차이가 있다. 신은 직접적인 인식을 하기에 2종의 인식을 하지 않으므로 2종의 인식의 관념을 따라서는 신은 어떤 능동적 기쁨도 체험하지 않는다. 반면에 3종의 인식에서의 능동적 기쁨은 '지복'으로서 이때 나는 신 자신이 느끼는 기쁨을 체험하게 된다. 들뢰즈는 다음과 같이 쓴다.

"우리가 느끼는 기쁨은, 신이 우리의 본질의 관념을 가지고 있는 한에서 신 자신이 느끼는 기쁨이다. 신이 느끼는 기쁨은, 우리가 신 안에 있는 관념들을 있는 그대로 가지고 있는 한에서 우리 자신이 느끼는 기쁨이다."[244]

---

242) 『에티카』, 355쪽
243) 『스피노자와 표현 문제』, 381쪽
244) 『스피노자와 표현 문제』, 383쪽

윤리학의 방향은 이러한 '지복'으로서의 3종의 기쁨들을 가능한 한 많이 가지는 쪽으로 나아가야 한다. 이런 의미에서 스피노자·들뢰즈의 윤리학은 사변적 긍정과 실천적 기쁨의 동일성의 윤리학이자, 존재 자체와 기쁨의 동일성의 윤리학이고, "능동적으로 되기"[245]의 윤리학이다. 들뢰즈는 다음과 같이 쓴다.

> *"즉 신의 본질을 표현하는 것. 바로 그 자신이 그것에 의해 신의 본질이 설명되는 하나의 관념이 되는 것, 우리 자신의 본질에 의해서 설명되고 신의 본질을 표현하는 변용을 갖는 것."[246]*

6. 결론

이런 의미에서 들뢰즈는 스피노자와 니체로부터 많은 영향을 받았고, 특히 사변적인 긍정과 실천적 기쁨의 동일성은 들뢰즈 철학의 골조를 이루고 있다. 이뿐만 아니라 들뢰즈의 휘황찬란한 존재론의 중요한 관심사는 형이상학에 침투한 원한과 가책을 몰아내는 것이기도 하다. 이런 의미에서 들뢰즈의 존재론은 스피

---

245) 『스피노자와 표현 문제』, 396쪽
246) 『스피노자와 표현 문제』, 396쪽

노자·니체적인 윤리학과 분리될 수 없다. 스피노자·니체의 윤리학은 또한 신체를 강조한다. 스피노자는 사람들이 신체가 무엇을 할 수 있는지 알지 못한다고 말하며, 니체는 신체를 기존의 협소한 이성을 넘어서는 '큰 이성'으로 볼 뿐만 아니라 우리가 경이롭게 보아야 할 것은 의식이 아니라 오히려 신체라고 말한다. 그리고 이러한 신체는 어디까지나 '타자'와의 마주침 속에서 타자와 합성되거나 타자에 의해 해체되는 신체이다. 예를 들어 아담이 사과를 먹고 건강해질 수 있지만, 배탈이 날 수도 있다.

스피노자에 의하면 이러한 마주침 속에서 기쁜 마주침, 기쁜 변용(affection)은 나의 신체와 타자의 신체의 결합의 공통성의 관념인 공통 개념을 형성하며 이러한 공통 개념은 나로 하여금 능동적인 기쁨으로 나아가게 한다. 그리고 이러한 공통 개념은 신의 본질을 표현하며, 따라서 우리는 신 관념에 도달한다. 그리고 이 신 관념으로부터 속성이 실체에 그 개별적 본질을 귀속시키는 것이자 양태의 특수한 본질을 담고 있는 자로 재평가된다. 이를 통해 우리는 속성들의 형상적 본질에 대한 적합한 관념으로부터 양태들의 특수한 본질에 대한 적합한 관념으로 나아가게 된다. 그리고 이러한 제3종의 인식에 도달하게 되면 우리는 '지복'에 이르게 된다.

반면 니체는 이러한 인식을 통해 도달하는 기쁨보다 권력의지를 통해 새로운 의미와 가치를 창조하여 존재자들에게 '증여'하는 기쁨을 가장 큰 기쁨이라고 보았을 것이다. 그런데 이는 '창조'를 부정하는 스피노자적인 합리주의에서는 받아들일 수 없는 것이기도 하다.

이런 의미에서 스피노자와 니체의 윤리학은 약간의 차이가 있다.

어찌 되었든 스피노자적인 지복이든 니체적인 초인의 기쁨이든 "모든 고귀한 것은 힘들 뿐만 아니라 드물다(Sed omnia praeclara tam difficilia, quam rara sunt)."[247]

247) 『에티카』, 367쪽

참고 문헌

베네딕투스 데 스피노자, 『에티카』, 강영계 옮김, 파주: 서광사, 2020

질 들뢰즈, 『니체와 철학』, 이경신 옮김, 서울: 민음사, 2008

질 들뢰즈, 『스피노자와 표현 문제』, 현영종·권순모 옮김, 서울: 그린비, 2019

질 들뢰즈, 『스피노자의 철학』, 박기순 옮김, 서울: 민음사, 2017

질 들뢰즈, 펠릭스 가타리, 『천 개의 고원』, 김재인 옮김, 서울: 새물결, 2003

프리드리히 니체, 『도덕의 계보학』, 홍성광 옮김, 고양: 연암서가, 2011

프리드리히 니체, 『우상의 황혼』, 송무 옮김, 서울: 청하, 2004

VII

들뢰즈/가타리와
소수적 문학

1. 서론

들뢰즈는 소설에 대한 많은 글을 썼다. 그의 사상에는 마르셀 프루스트, 레오폴트 폰 자허·마조흐, 제임스 조이스, 루이스 캐럴, 프란츠 카프카, 루이스 호르헤 보르헤스 등의 소설에 받은 영향이 직접적으로 드러나 있다. 예를 들어 『차이와 반복』에서의 chaosmos의 개념은 제임스 조이스에서 온 것이고, 『의미의 논리』에서 루이스 캐럴은 핵심적인 사상가로 매우 중요하게 다루어지고 있다. 이뿐만 아니라 들뢰즈는 마르셀 프루스트, 레오폴트 폰 자허·마조흐, 프란츠 카프카에 대한 단행본을 각각 출간했다. 또한 들뢰즈의 대담집인 『디알로그』에서는 자신의 사상이 영미 문학으로부터 받은 영향을 고백하고 있다.

이 논문에서는 이와 같은 들뢰즈의 문학에 대한 다양한 텍스트 중에서도 '소수적 문학'에 대한 텍스트들을 중점적으로 다루고자 한다.

2. 소수적 문학이란 무엇인가?

들뢰즈와 가타리는 『카프카: 소수적인 문학을 위하여』에서 카프카를 통해 '소수적 문학론'을 전개하고 있다. 여기서 '소수적 문학'은 소수적인 언어로 된 문학이 아니라 다수적인 언어 '안에서' 이 다수적 언어를 변주시키는 것을 의미한다. 들뢰즈와 가타리는 이 책에서 소수적인 문학의 성격을 다음과 같이 정리하고 있다.

1) 언어의 탈영토화: 예를 들어 카프카는 프라하의 유대인으로서, 독일어를 사용하는 체코인인 동시에 이러한 소수자 중에서도 배제된 유대인이었다. 따라서 프라하의 유대인들은 체코로부터 탈영토화되었을 뿐만 아니라 독일 주민 자체로부터도 탈영토화되었다. 이들은 '대중들로부터 유리된' 독일어로서 '문서 언어' 내지 '인위적 언어'를 사용할 수밖에 없었다. "요컨대 프라하의 독일어는 낯선 소수적 용법에 적당한 탈영토화된 언어인 것이다."[248]

2) 정치성: 소수적인 문학에서는 모든 것이 정치적이다. 이러한 소수적인 문학과 대비되는 거장의 문학에서는 정치성이 탈색되어야 높은 평가를 받는다. 반면, 소수적인 문학에서는 개인적인 것(ex. 가족적인 것)이 정치적인 문제와 직접적으로 연결된다. 왜냐하면, 소수자들에게는 허용되는 공간이 제한적이고 협소하기 때문이다. 들뢰즈는

---

248) 질 들뢰즈, 펠릭스 가타리, 『카프카: 소수적인 문학을 위하여』, 서울: 동문선, 2004, 44쪽

다음과 같이 쓴다.

"소수적인 문학은 전혀 다르다. 그것의 협소한 공간으로 인해 각각
의 개인적인 문제는 직접 정치적인 것으로 연결된다. … 가족 삼각
형이 그것의 의미를 규정하는 상업적·경제적·관료적·법적 등등의
다른 삼각형과 결부되는 것은 이런 의미에서다."[249]

3) 언표행위의 집단성: 거장들의 문학에서는 언표행위의 집합적 성
격이 드러나지 않을수록, 즉 언표행위가 개인적인 것처럼 보일수록
높은 평가를 받지만, 소수적인 문학에서는 말하는 주체는 존재하지
않고 '언표행위의 집단적 배치'가 직접적으로 드러난다. 심지어 들뢰
즈와 가타리는 한국에선 '민족문학론' 혹은 '민중문학론'이라고 폄하
될 다음과 같은 주장을 한다.

"집합적 내지 민족적 의식이 '외적인 생활에서는 종종 소극적이며
언제나 쇠퇴하고 있다'고 하는 바로 그 이유로 인해, 문학이 이러
한 집합적 내지 심지어 혁명적인 역할과 기능을 적극적으로 떠맡
고 있는 것이다. 회의주의에도 불구하고 적극적인 연대를 생산하
는 것이 바로 문학이다. … 다른 잠재적 공동체를 표현케 하며, 다
른 의식과 다른 감수성의 수단을 벼리게 한다."[250]

---

249) 『카프카: 소수적인 문학을 위하여』, 45쪽
250) 『카프카: 소수적인 문학을 위하여』, 46쪽

심지어 들뢰즈와 가타리는 "문학 기계는 도래할 혁명적 기계와 연결된다."라고 말하고 있으며, 동시에 "문학은 민중의 문제다."라고 말하고 있다. [251]

물론 들뢰즈와 가타리의 이러한 주장은 제국의 언어에 오염되지 않은 '순수한' 민족 언어의 보존을 옹호하는 것이 아니다. 오히려 들뢰즈와 가타리는 다수적인 언어, 제국의 언어 '안에서' 이 제국의 언어를 변형시킴으로써 작가는 언어적 혁명을 수행해야 한다고 말한다.

3. 언어, 도주, 탈영토화

들뢰즈와 가타리는 『천 개의 고원』에서 차라리 다수어와 소수어라는 두 개의 실체적 언어가 있는 것이 아니라 언어의 다수적 사용과 소수적 사용이 있는 것이라고 말한다. 언어의 다수적 사용이란 언어를 상수 혹은 평형상태의 체계로 보는 것인 반면 언어의 소수적 사용이란 언어를 연속적으로 변주하게 하는, 즉 언어로 하여금 도주하게 하는 창조적 실천이다. 들뢰즈와 가타리는 다음과 같이 쓰고 있다.

"카프카는 독일어를 소수어로 창조했다. 변주의 연속체를 만듦으로써,

---

251) 『카프카: 소수적인 문학을 위하여』, 46쪽

그리고 상수들은 조이고 변주들은 풀어주도록 변수들을 조작함으로 써, 언어가 말을 더듬도록 하라. 또는 언어가 '삐약삐약 울게' 하라."*252*

이런 의미에서 그 자체로 다수적인, 혹은 제국주의적인 언어는 없으며, '언어의 세계적 제국주의를 비판하는 것'은 잘못된 일이다. 왜냐하면, 다수적 성격을 가진 언어일수록 오히려 그 언어는 자신을 소수어로 변형시키는 연속적인 변주들을 피할 수 없기 때문이다. 더 나아가 이러한 연속적인 변주는 언어에 외재하는 것이 아니라 내재하는 것이라고 말할 수 있다. 촘스키는 소수어일지라도 불변항, 상수, 혹은 상수적인 관계를 뽑아내야 한다고 말하겠지만, 이것은 소수어를 '국지적 다수어'로 만드는 일일 뿐만 아니라 사실 촘스키가 수립하고자 하는 이러한 등질적 체계는 언어에 내재적인 연속적인 변주에 의해 쉽게 붕괴될 것이다.

"촘스키는 방언이나 게토 언어 같은 소수어일지라도 어쨌든 연구해야 한다면 먼저 불변항을 뽑아내고 '외부적이거나 혼합적인' 변수들을 제거해야 한다고 말할 것이다. … 촘스키, 당신은 등질적인 체계라는 것에 도달하지 못할 것이오. 내재적이고 연속적이고 규칙적인 변주가 있어 그 체계는 벌써부터 작동을 멈춰버렸으니."*253*

252) 질 들뢰즈, 펠릭스 가타리, 『천 개의 고원』, 서울: 새물결, 2003, 201쪽
253) 『천 개의 고원』, 199쪽

말하자면 언어의 다수적 사용은 언어의 획일적이고 상수적인 체계를 재생산하려는 움직임인 반면에 언어의 소수적 사용으로서의 소수자 되기는 진정한 의미에서의 창조적 생성에 해당한다. 들뢰즈와 가타리는 이런 의미에서 다수파 되기는 있을 수 없다고 말한다. 다수파는 획일적이고 등질적인 체계를 재생산하려는 것이기에 "생성이 아니"[254]기 때문이다. 오직 소수자 되기만이 존재한다.

이런 의미에서 방언, 게토, 지역주의를 재생산하는 것은 언어의 소수적 사용이 아니다. 들뢰즈와 가타리에게 있어서 소수자 되기만이 혁명적인데, 왜냐하면 오직 소수자 되기만이 새로운 것을 창조하기 때문이다. 특히 작가의 소수자 되기는 소수자를 대상으로 하는 글쓰기를 하라는 말이 아니며, 오히려 글쓰기 생성을 통해 도주선을 그리는 것을 의미한다. 들뢰즈는 다음과 같이 말한다.

"글쓰기는 도주선들과 본질적인 관계를 맺는다고 할 수 있습니다. 글쓰기란 도주선을 그리는 일입니다. … 우리는 이 도주선을 따라가지 않을 수 없는데, 왜냐하면 글쓰기가 실제로 우리를 도주선에 연루시키고 도주선 위로 태우고 가기 때문입니다. 글쓰기란 생성되기입니다. … 마이너리티란 결코 만들어진 기성의 것이 아니며, 오직 전진하고 공격하는 양상을 보이는 도주선들 위에서만 구성됩니다."[255]

254) 『천 개의 고원』, 204쪽
255) 질 들뢰즈, 클레르 파르네, 『디알로그』, 허희정, 전승화 옮김, 서울: 동문선, 2005, 85쪽

들뢰즈의 도주는 세계로부터의 도피가 아니라 오히려 다양한 분절들을 '가로지르기'에 가깝다. 즉 들뢰즈의 도주는 정주적 분배들을 파괴하는 것에 가깝다. 이런 의미에서 도주선을 그리는 것은 악마 되기인데, 신은 정주적 분배를 재생산하기 때문이다. 들뢰즈는 다음과 같이 말한다.

"도주는 일종의 정신착란입니다. 정신착란을 일으킨다는 것은 … 바로 '경계를 나타내는 깊게 파인' 홈으로부터 벗어나는 것을 말합니다. 도주선에는 무엇인가 귀신 들린 듯한 것, 악마적인 것이 있습니다. 악마은 신과 다릅니다. 왜냐하면 신은 속성들, 고유성들, 고정 기능들, 영토들과 코드들을 지니니까요. 다시 말해 신들은 홈, 경계선, 토지 대장과 관련이 있습니다. 악마의 특성은 한 구간에서 다른 한 구간으로, 간격들 사이를 훌쩍 뛰어넘는 것입니다."[256]

말하자면 신은 '홈패인 공간/정주적 분배'와 관련이 있고 악마는 '매끄러운 공간/유목적 분배'와 깊은 관련이 있다. 이러한 '신과 악마의 대립'은 이미 『차이와 반복』에서 나타난다. 『차이와 반복』에서 들뢰즈는 정주적 분배를 '자신의 영역, 자신의 범주, 자신의 속성들을' 지니는 신들의 분배로, 유목적 분배를 '신적이라기보다는 차라리 악마적'인 분배로, 즉 '장벽이나 울타리를 뛰어넘으면서 소유지를 어지럽히듯, 신들의 행위 영역들 사이의 간격에서 움직'이는 악마들의 분배로 표현하고 있다.[257]

---

256) 『디알로그』, 79쪽
257) 질 들뢰즈, 『차이와 반복』, 김상환 옮김, 서울: 민음사, 2011, 104쪽~105쪽

이런 의미에서 소수적 문학은 도주선을 그리는 탈영토화의 문학이자, 유목민/소수자 되기의 문학이다. 또한 소수적인 문학은 흐름들의 '접합접속'(conjonction)의 문학이기도 하다. 이러한 '흐름'은 가브리엘 타르드에게 있어서 믿음의 흐름과 욕망의 흐름이며, '발명'과 '모방'을 통해 믿음과 욕망의 흐름이 발생한다. 이러한 믿음과 욕망은 '양화 가능'하기에 "진정한 사회적인 '양'"이다.[258] 이런 의미에서 믿음과 욕망은 양자들(quanta)로 이루어진 흐름이다.

이렇게 믿음과 욕망이 추상량의 흐름이라는 것은 믿음과 욕망의 전파가 '모방광선'을 형성한다는 것을 의미한다. 이 '모방광선'의 개념이 매우 중요한데, 특히 들뢰즈는 이러한 '모방광선'을 '추상적인 선' 또는 '도주선'의 한 가지 사례로 보고 있으며, 이러한 추상적인 흐름에 주목하는 정치를 '미시정치'라고 부르고 있다. 이러한 추상량으로서의 흐름, 탈코드화하고 영토화하는 양자들로 이루어진 흐름들은 절편화된 선을 '침범'할 뿐만 아니라 접합접속(conjonction)을 통해 다른 탈코드화되고 탈영토화된 흐름과 관계를 맺는데, 이는 "흐름들이 서로서로를 활성화하고 흐름들 공통의 도주를 촉진시키고 흐름들의 양자들을 더하거나 자극하는"[259] 것을 의미한다. 들뢰즈는 글쓰기가 바로 이러한 흐름들의 접합접속을 통한 상호 탈영토화를 촉진한다고 말한다.

"글쓰기에는 흐름이 되는 것 이외에 다른 기능은 없습니다. 이때

---

258) 『천 개의 고원』, 415쪽
259) 『차이와 반복』, 419쪽

흐름은 다른 흐름들, 세상의 모든 소수자 되기들과 서로 합류하지요. … 한 흐름이 탈영토화될 때에만 이것은 다른 흐름들과 접합접속을 이루는데(즉 합류하는데), 이는 다른 흐름들은 자신의 차례에 그것을 탈영토화하고 그 반대도 마찬가지입니다."[260]

반면에 흐름들의 '결합'이란 탈영토화의 저지를 의미하며 도주선의 봉쇄를 의미한다. 이것은 가장 탈영토화된 흐름이 다음 국면에서 재영토화의 기반이 된다는 것을 의미한다. 예를 들어 자본주의에서는 중세적 배치에서 탈영토화의 첨점이었던 부르주아가 "테크놀로지, 배치물들, 유통회로를 결합"[261]함으로써 재영토화를 진행시키는 것이다.

소수적인 문학이 흐름들을 결합시키지 않고, 흐름들을 접합접속시킨다는 것은 글쓰기가 글을 쓰지 않으면서 다른 도주선을 그리는 소수자와의 우연적 마주침을 긍정한다는 것을 의미한다. 이러한 접합접속은 '자연에 반하는 결혼들'이며, 그렇기에 "자신의 고유한 계, 자신의 성, 자기의 계급, 자신의 다수성을 배반"[262]하는 것이라고 말한다. 들뢰즈는 문학에서 이러한 '배반'이 매우 중요하다고 말한다. 심지어 들뢰즈는 '배반'을 위해 우리의 '얼굴'을 잃어버려야 한다고 말한다. 그리고 들뢰즈는 진정한 의미의 사랑은 이와 같은 '배반'으로서 도주선을 그린다고 말하고 있다.

---

260) 『디알로그』, 99쪽
261) 『천 개의 고원』, 420쪽
262) 『디알로그』, 88쪽

"얼굴을 잊어버리세요. 회상 없이, 환상 없이, 해석 없이, 점을 만들지 않으면서 사랑할 수 있는 사람이 되세요. 그저 흐름만이 남게 하세요. … 한 남자와 한 여자, 이들은 흐름입니다. 사랑을 나눌 때 생기는 모든 생성들, 모든 성들, 하나 혹은 둘 안에 있는 n개의 성들은 거세와 아무런 관련이 없습니다."[263]

4. 명령어: 언어와 정치

들뢰즈와 가타리에 의하면 언어는 명령어이다. 들뢰즈와 가타리에 의하면 언어는 의사소통이나 정보를 전달하기 위한 수단이 아니며, "권력의 행사 내지 그런 행사에 대한 저항"[264]으로서의 명령의 전달이다. 오히려 들뢰즈와 가타리는 정보는 명령이 전달되기 위해 필요한 최소한의 지식이라고 말한다. 들뢰즈와 가타리는 오스틴을 끌어들인다. 오스틴에 의하면 언어와 행동 사이에는 외재적인 관계만 있는 것이 아니라 내적인 관계가 존재하는데, 이러한 내재적 관계를 들뢰즈와 가타리는 '암묵적 전제 또는 비담론적 전제'라고 말한다. 이러한 암묵적 전제는 관습이나 권력의 명령과 무관하지

---

263) 『디알로그』, 94쪽
264) 『카프카: 소수적인 문학을 위하여』, 60쪽

않다. 따라서 모든 언어는 명령어일 수밖에 없다. 들뢰즈와 가타리는 다음과 같이 쓰고 있다.

"언어는 특정한 순간에 한 랑그 속에서 통용되고 있는 명령어들, 암묵적 전제나 발화행위 같은 명령어들의 집합으로 정의될 수밖에 없다."[265]

그리고 이러한 언어와 내재적인 관계를 갖는, 더 노골적으로 말하면 언표에 내재하는 행위는 물체와 관계하기는 하지만 물체적인 것이 아니다. 이러한 언표에 내재하는 행위는 물체적인 연속성에 기반한 능동작용이나 수동작용이 아니라 불연속적이고 순간적인 '비물체적인 변형'이다. 이 비물체적 변형은 몸체의 변형이지만 "자신을 표현하는 언표와 자신이 산출한 효과 간의 순간성, 직접성, 동시성에 의해"[266] 물체적 능동작용이나 수동작용과 구별된다.

이러한 순간성, 직접성, 동시성은 비행기 납치에서 잘 드러난다. 여기서 항공기 납치범의 협박과 동시에 승객이 인질로, 비행기가 감옥으로 비물체적이고 순간적인 변형을 겪게 된다. 들뢰즈는 이런 의미에서 역사에 있어서 몸체들의 능동작용/수동작용도 중요하지만, 언어에 의한 몸체의 '비물체적 변형'도 중요하다고 말한다. 이 비물체적 변형은 "능동작용과 수동작용의 전개 속에 삽입되는 순수 행위"이다.[267]

---

265) 『천 개의 고원』, 154쪽
266) 『천 개의 고원』, 158쪽
267) 『천 개의 고원』, 159쪽

이러한 비물체적인 변형은 경제나 금융의 영역에서도 잘 드러난다. 예를 들어 윤석열의 계엄령 선포가 경제와 금융에 미친 영향은 매우 크다. 이런 의미에서 들뢰즈와 가타리는 언표는 이데올로기나 상부구조가 아닌 "하부 구조라고 상정된 영역에서"[268] 작동하며, 매우 중요한 역할을 하고 있다고 말한다.

물체적 변양들과 비물체적 변형들은 각각 기계적 배치물과 언표행위라는 배치물을 구성하며, 이러한 배치물들은 각각 내용의 형식과 표현의 형식을 의미한다. 그리고 내용의 형식과 표현의 형식은 일대일 대응되지 않으며 "상호 독립적이고 이질적이다."[269] 그런데 사회구성체는 기계적 배치물과 언표행위라는 배치물 모두가 필요하며, "순간적 변형이라는 날실은 늘 연속적 변양이라는 씨실 속으로 끼워 넣어진다."[270] 사회구성체는 이런 의미에서 내용의 형식과 표현의 형식 모두를 가지지만 동시에 이 형식들 모두는 "탈영토화 운동과 분리할 수 없다."[271] 그런데 이런 내용의 탈영토화와 표현의 탈영토화를 절대적인 수준까지 진행시키면 단 하나의 추상적인 기계 혹은 다이어그램에 이르게 된다.

이러한 다이어그램적인 추상적인 기계는 구조주의에서의 '랑그'라는 추상적인 기계와 구분되는데, 들뢰즈와 가타리는 이 '랑그'가 충분히 추상적이지 않다고 비판한다. 왜냐하면, '랑그'는 "상수들의 공리적 집

---

268) 『천 개의 고원』, 159쪽
269) 『천 개의 고원』, 168쪽
270) 『천 개의 고원』, 169쪽
271) 『천 개의 고원』, 170쪽

합으로 건립"²⁷²되는 것이기 때문이다. 들뢰즈와 가타리는 추상을 더 밀고 나가 랑그의 사이비 상수를 표현의 변수로 대체해야 한다고 말한다. 그리고 표현의 변수와 내용의 변수는 서로 분리될 수 없다. 이런 의미에서 추상적인 기계의 문제는 "순수 언어의 문제가 아니다."²⁷³

이렇게 상수를 변수로 만드는 것은 연속적인 변주이다. 특히 언표라는 명령어는 불연속적인 도약을 하지만 이러한 "변주의 선은 연속적이다."²⁷⁴ 이런 의미에서 변주의 연속성은 표현의 변수 그 자체의 불연속적 성격과 대비된다. 앞에서 언어의 다수적 사용이 변수를 상수처럼 다루는 것이라면, 언어의 소수적 사용이 변수를 연속적 변주로 다루는 것이라고 말했다. 비물체적 변형으로서 명령어는 표현의 변수인 동시에 몸체의 순간적인 변형이라는 점에서 내용의 변수이기도 하다.

언어의 다수적 사용이 극단에 이르게 되면 이러한 표현의 변수이자 내용의 변수로서의 비물체적 변형은 사물의 모든 운동을 '정지'시키는 일종의 '사형 선고'가 된다.

"죽음이 본질적으로 몸체에 관련되고 몸체에 귀속된다 할지라도, 죽음은 비물체적 변형이라는 진정한 성격을 가지고 있으며 이것은 죽음 자체의 직접성과 순간성에서 나오는 것이다. … 이런 의미에서 카네티는 '변형의 금지'에 대해 말하고 있는 것이다. … 이 체제는 매 순간 상수들을 통해 법을 제정하며, 변형을 금지하거나 엄격

---

272) 『천 개의 고원』, 176쪽
273) 『천 개의 고원』, 177쪽
274) 『천 개의 고원』, 183쪽

히 제한하고, 형상들에 안정되고 윤곽을 정해주며, 형식들을 둘씩 대립시키고, 한 형식에서 다른 형식으로 이행할 때는 주체에게 죽음을 강요한다."[275]

반면에 언어의 소수적 사용을 극한에 밀어붙이면 변수들의 연속적 변주를 통해서 고정된 모든 것은 와해된다. 이러한 연속적인 변주를 극한에 밀어붙이는 절대적 탈영토화의 과정을 통해서 표현의 형식과 내용의 형식은 일관성의 평면 안에서 와해된다. 들뢰즈와 가타리는 다음과 같이 쓰고 있다.

"유동하는 힘들, 흐름들, 공기, 빛, 물질이 움직여 어떤 몸체든 말이든 어떤 지점에서도 멈춰버리지 못하게 된다. 이 강렬한 물질의 비물체적 역량, 이 언어의 물질적 역량."[276]

이러한 연속적인 변주는 도주선을 그림으로써 명령어를 절편을 통과하는 통과어(mot de passe)로 바꾼다. 이런 의미에서 명령어 아래에는 다른 명령어로서 통과어가 있다.

275) 『천 개의 고원』, 207쪽~208쪽
276) 『천 개의 고원』, 210쪽

5. 소수적인 문학으로서 카프카

들뢰즈에 의하면 카프카가 바로 이렇게 언어를 도주시키는 절대적 탈영토화의 작업을 수행했다고 말한다. 들뢰즈에 의하면 카프카의 소설 속에서 소리는 절대적으로 탈영토화된다. 이러한 소리나 말은 "의미적인 언어 활동이 아니고…, 나아가 조직화된 음악이나 노래도 아니다."[277]

그리고 카프카의 작품에서는 이러한 언어의 절대적 탈영토화에 의해 표현의 형식으로부터 "생생한 표현 질료가 해방된다."[278] 반면 언어를 재영토화하는 작업으로는 상징주의·몽환주의·신비주의가 있는데, 들뢰즈와 가타리에 의하면 카프카는 이러한 재영토화를 넘어서 있다. 들뢰즈에 의하면 카프카는 은유와 상징의 안개로 자신의 작품을 감싸지 않으며, "모든 은유, 모든 상징주의, 모든 의미화를 필사적으로 제거한다."[279] 또한 들뢰즈와 가타리는 카프카가 신비주의나 몽환주의와 달리 사회적이고 정치적인 글을 쓰는 사람이자 '배치'를 그렸던 사람이라고 말한다.

"그가… 문학으로 도피했다고 하는 것처럼 어이없고 기괴한 일은 없을 것이다. (카프카에게 문학이란) 리좀이고 굴이지 상아탑이 아니다. 그것은 도주선이며, 모든 종류의 도피처와 무관하다. 창조

---

277) 『카프카: 소수적인 문학을 위하여』, 54쪽
278) 『카프카: 소수적인 문학을 위하여』, 54쪽
279) 『카프카: 소수적인 문학을 위하여』, 56쪽

적인 도주선은 그것을 모든 정치·경제·관료제 및 사법 장치와 연결한다. … 카프카를 괴롭히고 그로 하여금 화나고 분노케 하는 유일한 것은, 그를 문학에서 도피처를 찾는 내면주의적 작가로, 고독과 죄의식, 내밀한 불행을 다룬 작가로 다루는 것이다."[280]

카프카는 오히려 '웃는' 작가였고, 내밀한 것이 아닌 사회적인 것과 정치적인 것을 탐구한 작가였다. 들뢰즈와 가타리는 카프카가 '거대한 미래의 관료적인 흐름'을 포착한 작가이자 동시에 '도주하는 유목민의 흐름'으로서의 '사회주의·아나키즘·사회 운동'과 관련 있는 작가였다고 말한다.[281] 들뢰즈와 가타리는 다음과 같이 쓰고 있다.

"카프카에게 글쓰기란, 그 글쓰기에서 가장 중요한 것은 오직 하나다. 그것은 결코 문학이 아니라 언표행위였다. 욕망과 함께하는, 법과 국가, 체제를 넘어서는 언표행위. 하지만 언표행위는 그 자체가 역사적이고 정치적이며 사회적이다. … 욕망의 관점에 볼 때, (그보다) 더 희극적이고 즐거운 저자는 없었다. 언표의 관점에서 볼 때 (그보다) 더 정치적이고 사회적인 작가는 없었다."[282]

또한 들뢰즈와 가타리는 카프카가 '부정신학적인 작가'가 아니라고 말한다. 결국 많은 비평가들이 카프카의 소설에서 '법의 초월성'이나 '죄의

---

280) 『카프카: 소수적인 문학을 위하여』, 99쪽
281) 『카프카: 소수적인 문학을 위하여』, 101쪽
282) 『카프카: 소수적인 문학을 위하여』, 101쪽

식의 선험성'에 대해 이야기하지만, 이러한 비평가들은 표면적인 것밖에 보지 못한 것이다. 카프카가 말하고자 하는 것은 법은 초월성의 요구 때문에 언표되는 것이 아니며, 오히려 언표에 내재하는 '암묵적 전제'가 법을 만든다는 것이다. 이런 의미에서 들뢰즈는 다음과 같이 쓴다.

"법은 문지기가 말하는 것과 혼동되기 마련이고, 글은 법에 필요한, 법에서 파생되는 표현이 아니라 법에 선행하는 것이다."[283]

또한 카프카는 언표행위라는 배치물과 기계적 배치물을 보여주고자 했고, 이러한 배치들을 분해함을 통해 추상적인 기계를 보여주었을 뿐만 아니라 '배치가 이러한 분해를 통해 탄생'한다는 것을 보여주었다. 이러한 분해는 '여전히 표상에 속하는 것'으로서의 비판을 이용하지 않는다. 이러한 분해는 탈영토화의 과정을 가속시킴으로써 얻어진다. 이런 의미에서 들뢰즈와 가타리는 다음과 같이 쓴다.

"배치는 여전히 코드화되고 영토화된 사회 비판에서 발견되는 것이 아니라 탈코드화와 탈영토화에서, 이러한 탈코드화와 탈영토화의 소설적인 가속화 내에서 발견된다. … 그것은 어떠한 비판보다도 훨씬 더 강렬한 방법이다. K 자신이 말한다. 사람들은 사회적 장 안에서의 하나의 방법에 불과한 것을 무한한 절차로 만들고 싶어한다. 결국 이 절차는 도래할 현실, 이미 존재하는 현실로서

283) 『카프카: 소수적인 문학을 위하여』, 108쪽

소송이라는 기계적 배치를 만들어 낸다."[284]

사회적이고 정치적인 작가로서 카프카가 법을 다루는 방식은 법의 초월성을 사법 혹은 정의(justice)의 내재성으로 대체하는 것이다. 그리고 이러한 사법 혹은 정의는 욕망, 혹은 욕망의 배치를 의미한다. 사법 혹은 정의는 "안정적인 의지가 아니라 불안정한 욕망"[285]이기에 사법은 '우연'에 지배된다. 법의 초월적인 외관 밑에는 "욕망과 그것의 우연성을 실험하는 모든 미시사건"[286]이 넘실거리고 있다.

그러나 이것은 욕망이 반드시 해방적이라는 것을 말하고 있는 것이 아니다. 왜냐하면, 권력은 욕망이며 권력은 초월적인 것의 아득한 높이에서 금지를 명령하는 것이 아니라 욕망의 내재성에 의해 작동하는 것이기 때문이다. 들뢰즈와 가타리는 다음과 같이 쓰고 있다.

"권력에 대한 욕망은 없다. 권력이 욕망인 것이다. 욕망은 결핍이 아니라 충만이고 실행이며 기능이다. … 권력은 '법'이 우리로 하여 금 믿게 하고자 하는 것처럼 피라미드적인 것이 아니라 선분적인 것이고 선형적인 것이며, 높은 곳에서 멀리 떨어져 작동하는 게 아니라 인접성에 의해 작동한다."[287]

---

284) 『카프카: 소수적인 문학을 위하여』, 116쪽~117쪽
285) 『카프카: 소수적인 문학을 위하여』, 119쪽
286) 『카프카: 소수적인 문학을 위하여』, 121쪽
287) 『카프카: 소수적인 문학을 위하여』, 135쪽~136쪽

욕망은 때로는 표현의 형식에 갇히거나 내용의 형식에 사로잡히기도 하지만 절대적 탈영토화로 나아갈 때도 있다. 그리고 이러한 절대적 탈영토화의 결과, "내재성의 장의 무제한성"에[288] 도달한다. 이러한 욕망이 그리는 도주선은 모든 배치들을 횡단하며 권력의 모든 선분들을 통과하지만 "어느 것에도 사로잡히지 않는다."[289] 그리고 이러한 무제한한 내재성의 장이 바로 들뢰즈와 가타리가 말하는 진정한 추상적인 기계이다.

> "추상적인 기계야말로 각각의 배치가 자신의 선분들을 해체하고, 탈영토화의 첨점을 밀어붙이며, 도주선을 흐르게 하고 내재성의 장을 채우는 역량에 따라 각 배치의 현실성과 실존 양식의 밀도를 측정하는 것이다. 추상적인 기계는 무제한한 사회적 장이지만, 또한 욕망의 신체며, 카프카의 연속적인 작품이다. 강도가 생산되는 것도 그 위에서고, 모든 접속과 다의성이 새겨지는 곳도 그곳이다."[290]

카프카 소설의 소수적 성격은 이러한 정치성뿐만 아니라 언표행위의 집단적 성격에서도 잘 드러난다. 많은 언어학자들이 언표행위의 주체와 언표의 주체를 구별하지만, 들뢰즈는 이 두 주체 모두가 환상이라고 말한다. "언표가 … 예술가적 특이성에 의해 생산되는 경우, 그것은 오직 국민적·정치적·사회적 공동체의 기능에 의해서 그럴 뿐이다."[291]

---

288) 『카프카: 소수적인 문학을 위하여』, 143쪽
289) 『카프카: 소수적인 문학을 위하여』, 145쪽
290) 『카프카: 소수적인 문학을 위하여』, 198쪽
291) 『카프카: 소수적인 문학을 위하여』, 192쪽

물론 편지에서 카프카는 언표의 주체와 언표행위의 주체를 표면상 승인하는 듯이 보이지만 그것은 오직 이 둘의 기능과 역할을 전도시키거나 둘을 혼합시켜 다른 것으로 만들기 위해서이다. 다른 한편 단편소설에서는 주체의 자리를 배치가 차지하지만, 이러한 단순 대체는 만족스럽지 않다. 드디어 장편 소설에서는 주체의 자리가 파괴되고 언표행위의 집합적 배치만 존재할 뿐이다. 장편소설에서 K는 주체가 아니며 끊임없이 '모든 선분 위로 흘러가는' 하나의 흐름이고, '그것이 통과하는 계열들의 모든 항에 접속'된다는 점에서 실체가 아닌 일반적인 기능(fonction)이다. 이 '기능'은 옐름슬레우로부터 가져온 개념인데, 이 '기능'은 '기능소(fonctionnel)'들 간의 '의존성'을 의미한다. 들뢰즈와 가타리에 의하며 사회적인 기능소들은 관료(fonctionnaire)인 동시에 욕망이다. 기능소가 '관료'인 것은 우리 모두가 사실 '정의/사법'의 관료이기 때문이다(Tout le monde en effet est fonctionnaire de la justice[292]). 사법/정의는 금지를 통해서 작동하기보다는 '욕망'을 통해서 작동한다. 즉 사법/정의는 우리가 그것에 대해 '자발적 복종'을 하기에 작동하는 것에 불과하다(이런 의미에서 우리는 사법/정의의 '관료'이다). 왜냐하면, "억압은 그 자체가 욕망되지 않고서는 정의/사법에 속하지 않"으며 이러한 억압의 욕망은 "억압하는 자의 것만큼이나 억압받는 자의 것이기도" 하기 때문이다. [293]

---

292) 불어 원본(p.90)과 영역본(p.49)에 있는 이 문장은 이진경의 국역본에서 누락되었다(『카프카: 소수적인 문학을 위하여』, 118쪽 참조).
293) 『카프카: 소수적인 문학을 위하여』, 120쪽

6. 영미에 있어서 소수적인 문학

들뢰즈에 의하면 영미 문학은 소수적인 문학이다. 왜냐하면, 영미 문학은 도주선을 만드는 문학이기 때문이다. 불문학이 나무 구조를 통해 도주선을 봉쇄한다면 영미 문학에는 뿌리나 나무 구조는 없고, 영미 문학은 새로운 땅의 '창조'를 통해 도주선을 연장한다. 들뢰즈는 흥미롭게도 영국 왕과 프랑스 왕을 비교하는데, 프랑스 왕의 정치는 영토화와 코드화의 정치로서 '땅, 상속, 결혼, 소유, 술책, 속임수의 정치'인 반면에 영국 왕의 정치는 탈영토화의 정치로서 '움직임, 방랑과 포기, 그리고 쏜살같이 지나가는 배반'의 정치이다.[294] 또한 영국 왕이 자본주의의 흐름들을 생산한다면 프랑스인들은 이러한 흐름들을 결합하는 테크놀로지로서의 "회계 장부"를 통해 "부르주아 권력 장치"[295]를 만들어낸다.

또한 프랑스 작가들은 시작할 때 '백지'에서 시작하는 반면에, 영국 작가들은 중단된 기존의 선에서 시작한다. 이런 의미에서 프랑스 작가들이 '기원'과 '저자'의 원리에 집착하는 반면 영국 작가들은 '중간/한복판'에서 시작한다. 이런 의미에서 프랑스 작가들은 나무의 원리를 바탕으로 생각하는 반면에 영국 작가들은 리좀을 형성한다.

"프랑스 인들은 지나치게 나무의 용어로 생각합니다. 예를 들면 지

---

294) 『디알로그』, 74쪽
295) 『디알로그』, 74쪽

식의 나무, 나무 모양 도표의 점들, 알파와 오메가, 뿌리와 꼭대기 등이 그러합니다. 이는 풀과 반대되는 것입니다. 풀이란 사물들의 한복판에서 자라날 뿐만 아니라, 풀 자체가 중간에서부터 돋아나니까요. 이것이 영미인들의 방식입니다."[296]

그리고 이러한 '도주'에는 '배반'이 필수적이라고 들뢰즈는 말한다. 우선 영토에 묶인 자신의 타성에 대한 배반, 자신을 영토로 이끄는 힘에 대한 배반이 필요하다. 이런 사례를 들뢰즈는 구약성서에서 찾고 있다. 들뢰즈에 의하면 구약에서 신은 인간을 배반하고 인간은 신을 배반한다. 이런 의미에서 구약성서는 사실 '소설'이라고 보아도 무방하며, 실제로 영국 작가들은 구약성서에서 많은 모티브를 따온다고 들뢰즈는 말한다.

들뢰즈에 의하면 이런 의미에서 '배반자'와 '협잡꾼'은 매우 다른 것이라고 말한다. '배반'에는 기성 질서로부터의 도주가 필요한 반면 협잡꾼은 기성 질서를 재생산한다. 이런 의미에서 들뢰즈는 다음과 같이 쓰고 있다.

"협잡꾼이 사제, 역술가라면 배반자는 실험가입니다. 협잡꾼이 정치가/국가인이나 궁정인이라면, 배반자는 (장교나 장군이 아닌) 전사/전쟁인입니다."[297]

---

296) 『디알로그』, 78쪽
297) 『디알로그』, 82쪽

예를 들어 셰익스피어는 협잡꾼을 많이 다루었지만 『리처드 3세』에서 리처드 3세를 엄청난 배반자로 묘사한다. 리처드 3세는 권력을 원하지 않으며, 오히려 모두를 배반하는 유일무이한 배반자가 되길 원한다. "리처드 3세는 국가 정복이 아닌 전쟁 기계의 배치를 원합니다."[298] 심지어 들뢰즈는 배반이야말로 진정한 의미의 생성/되기라고 말한다. 왜냐하면, 기성 질서의 재생산은 생성/되기가 될 수 없기 때문이다. 이런 의미에서 오직 소수자 되기만이 존재한다.

그리고 여성 되기는 '여성처럼' 글을 쓰기가 아니고, 동물 되기는 '동물처럼' 행동하는 것이 아니다. 오히려 두 계(界, règne) 사이의 우연한 '충돌'을 의미하는 것이다. 이러한 우연한 마주침을 통해 각각의 계는 탈영토화된다. 소수자로서의 작가는 이런 의미에서 글을 갖지 못한 다른 소수자와의 우연한 마주침을 긍정해야 한다. 들뢰즈는 다음과 같이 쓰고 있다.

"소수자를 위해서, 소수자를 대변해서, 소수자의 뜻대로 책임지고 글을 쓴다는 말이 아닙니다. 그런 것이 아니라 (그저) 서로가 서로를 밀고, 자신의 도주선 위로 서로 결합된 탈영토화 속으로 끌어들이는 우연한 마주침이 있다는 말이지요."[299]

작가는 하나의 흐름이지만, 다른 소수적인 흐름과의 마주침으로서의

---

298) 『디알로그』, 83쪽
299) 『디알로그』, 87쪽

접합접속(conjonction) 없이는 진정한 소수적인 문학이란 기대할 수 없는 것이다. 이런 의미에서 소수자와의 우연한 마주침에 의해 자신의 다수자성(majorité)을 '배반'할 때 나는 비로소 소수자가 되는 것이며, 소수자를 대변하거나 대표/재현한다는 착각으로부터 벗어나는 것이다.

영미 문학은 이런 의미에서 소수자를 대변하지도, 대표/재현하지도 않는 진정한 소수자 문학이라고 볼 수 있다.

7. 결론

들뢰즈는 또한 소수자 문학이 '실재계/실재적인 것'을 만들지 못하고 개인의 환상으로서 내면의 '작은 비밀'에 머물 때 문학이 '원한과 죄의식의 극장'이 되고, 전쟁 기계의 문학이 아닌 사제의 문학이 된다고 말한다. 들뢰즈는 이런 의미에서 '더러운 작은 비밀'이라고 말한다. 그리고 평론가들 중에서 이 '더러운 작은 비밀'을 잘 파헤치는 사람이 훌륭한 평론가로 평가받는다. 들뢰즈는 평론가들이 삶 또는 생명을 개인적인 것으로 축소시키고, 작품이 '제 안에 목적을 갖는다'고 주장하는 것은 작가를 숭배하는 척하면서 사실은 작가들에게 가르치기 위해서라고 말한다.

"이런 태도는 언제나 글쓰기의 글쓰기라는 것을 가리키지요, 바로 이 점 때문에 프랑스 문학에는 선언, 이데올로기, 글쓰기 이론…; 신경 증적 자기만족, 자기 도취적 법정들이 득시글들시글 넘칩니다."[300]

이런 의미에서 개체 혹은 인칭에 갇힌 생명이 아닌 전 개체적이고 비인칭적인 생명의 '해방'이 필요하며, 개인적인 환상이나 '더러운 작은 비밀'을 넘어서야 한다. 이런 의미에서 들뢰즈는 글쓰기를 통해서 다른 소수적인 흐름들과 접합접속을 함으로써 삶이 "개인, 사회, 계(界, règne)의 원한에서 도주"[301]하도록 해야 한다고 주장한다.

---

300) 『디알로그』, 97쪽
301) 『디알로그』, 99쪽

참고 문헌

질 들뢰즈, 『차이와 반복』, 김상환 옮김, 서울: 민음사, 2011

질 들뢰즈, 클레르 파르네, 『디알로그』, 허희정, 전승화 옮김, 서울: 동문선, 2005

질 들뢰즈, 펠릭스 가타리, 『카프카: 소수적인 문학을 위하여』, 서울: 동문선, 2004

질 들뢰즈, 펠릭스 가타리, 『천 개의 고원』, 서울: 새물결, 2003

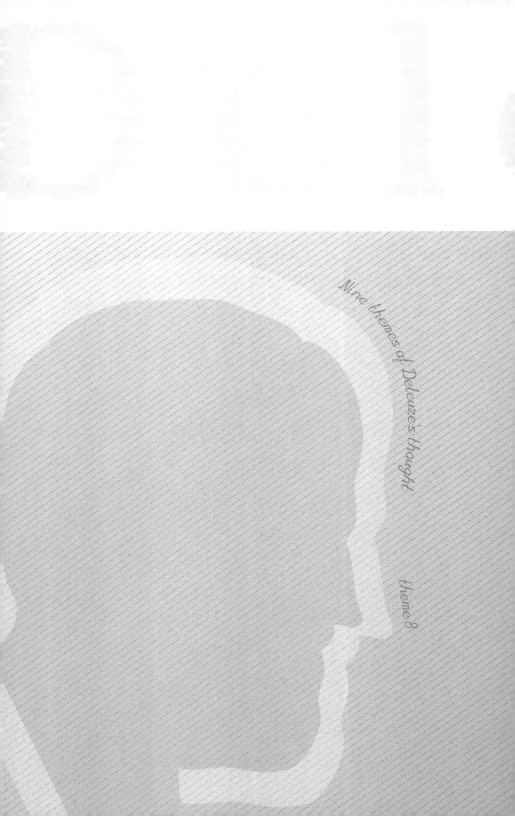

VIII

국가 장치, 전쟁 기계,

자본주의

1. 서론

들뢰즈의 '유목주의'는 국가 장치에 선행하는 유목민의 삶으로 돌아가자는 이야기가 아니다. 오히려 들뢰즈는 유목적 삶이 국가 장치에 선행한다는 도식이 잘못되었다고 말한다. 오히려 "언제 어디서나 국가는 존재"[302]했고, "유목민은 정주민보다 먼저 존재하지 않는다."[303]

국가 장치는 농경과 목축 이전에 존재했는데, 왜냐하면 농경과 목축은 식물 종자와 동물, 그리고 이들에 대한 정보가 모이는 곳으로서 '도시'를 전제하기 때문이다. 말하자면 도시가 농촌을 만들며, 목축을 하는 유목민은 도시로부터 '도주'해서 생성된 것이다. 이런 의미에서 원시적 공동체에서 농업 생산력이 증대되어 국가가 출현한다는 마르크스와 고든 차일드의 주장은 폐기된다. 들뢰즈와 가타리는 다음과 같이 쓴다.

"제국은 서로 다른 영토에서 얻어지는 야생의 종자나 비교적 순한

---

302) 질 들뢰즈, 펠릭스 가타리,『천 개의 고원』, 김재인 옮김, 서울: 새물결, 2003, 827쪽
303)『천 개의 고원』, 828쪽

동물의 비축자로서 이종 교배나 자연 도태를 가능하게 해주는데
… 바로 이로부터 농업과 함께 소규모지만 목축이 발생한다."[304]

국가는 이미 구석기 시대에도 완벽한 형태를 갖춘 원(原) 국가였다.
이런 의미에서 '신석기 혁명'이라는 가설은 잘못된 것이다. 또한 농업적
생산양식의 발전에 따라 국가가 출현하는 것이 아니라 국가 장치가 생
산을 하나의 '양식'으로 만든다. 이런 의미에서 우리의 상식과 다르게
농촌이 도시로 서서히 변화하는 것이 아니라 도시가 농촌을 만든다.
  이렇게 국가가 원래부터 존재하고 있었다면 국가에서 벗어나는 것은
불가능한 것이 아닌가? 전혀 그렇지 않다. 오히려 이러한 사실, 유목민
들이 국가로부터 탈영토화를 거쳐서 형성되었다는 것은 우리도 '도주'
를 통해 국가를 극복할 수 있다는 것을 보여주는 희망적인 사실이다.

2. 민속학자의 꿈

            피에르 클라스트르의 사례는 이런 의미에서 시사
적이다. 들뢰즈와 가타리는 클라스트르의 주장의 상당 부분을 받아들
인다. 클라스트르에 의하면 원시사회에서는 국가 형성을 방지하는 다

---

304) 『천 개의 고원』, 824쪽

양한 메커니즘들이 존재했다. 전쟁은 바로 이러한 다양한 메커니즘 중 하나이다. 레비스트로스는 전쟁을 '교환의 실패'로 규정지으면서 교환에 비해 부차적인 것으로 규정짓지만, 클라스트르에 의하면 원시사회에서 본질적으로 중요한 것은 전쟁이지 교환이 아니다. 오히려 다른 집단과의 교환은 전쟁에서 '동맹'을 맺기 위한 것으로서 전쟁보다 부차적인 것으로 볼 수 있다. 이런 의미에서 홉스가 '국가는 전쟁을 불가능하게 한다.'라고 주장했다면, 클라스트르는 '전쟁은 국가를 불가능하게 한다.'라고 주장한다. 이런 의미에서 들뢰즈와 가타리는 다음과 같이 쓰고 있다.

> "클라스트르는 … 원시 사회의 전쟁을 국가 형성을 저지하는 가장 확실한 메커니즘으로 규정한다. … 원시 사회의 전쟁은 국가를 생산하는 것도, 그렇다고 국가에서 파생되는 것도 아니다. 또 그것은 국가에 의해서나 교환에 의해서도 설명될 수 없다. 전쟁은 … 교환으로부터 파생되기는커녕 오히려 교환을 한계짓고 '결연'의 테두리 내에서 유지하려고 한다."[305]

그런데 들뢰즈와 가타리에 의하면 클라스트르의 이론에도 한계가 있다. 클라스트르는 '국가에 대항하는 사회'로서 원시사회가 국가에 선재하며, 자급자족하는 일종의 '실체'로서의 '모나드'로 생각했기 때문이다. 그런데 이렇게 국가 이전의 사회가 '모나드'로서 국가의 형성을 저지하는 정교한 메커니즘으로 구성되어 있다면 국가의 탄생은 '돌연변이'와 같은 급작스런 단 한 번의 사건에 의한 것이 된다. 그런데 들뢰즈

---

305) 『천 개의 고원』, 684쪽~685쪽

와 가타리에 의하면 이러한 생각은 진화론에서 벗어나지 못한 것인데, 왜냐하면 패거리나 씨족 집단도 복잡하게 조직화되어 있는 이상 '씨족에서 제국으로'의 이행이나 '패거리에서 왕국으로'의 이행이 존재한다는 것은 진화론적인 '신념'이 불과하다. 우리가 이러한 진화론적인 상식을 걷어낸다면 국가와 전쟁 기계의 동시성을 긍정할 수 있을 것이다.

이러한 동시성은 국가 장치와 '국가에 대항하는 사회'들이 항상 서로 상호작용을 한다는 것을 의미한다. 들뢰즈와 가타리에 의하면 국가 장치는 내부성의 형식이고 전쟁 기계는 외부성의 형식인데, 내부성의 형식으로서의 국가는 '스스로를 재생산하면서 언제나 동일한 것'으로서 안정성을 희구하지만, 외부성의 형식으로서의 전쟁 기계는 '바깥'의 힘과의 마주침을 통해 스스로 '변신'할 때만 존속할 수 있다. 즉 "산업의 혁신이나 기술의 발명, 상업적 유통망"[306] 등과의 접촉을 통해서만 존속할 수 있다. 그런데 이러한 내부성과 외부성은 상호작용을 한다. 들뢰즈와 가타리는 다음과 같이 쓴다.

"외부성과 내부성, 끊임없이 변신을 거듭하는 전쟁 기계와 자기 동일적인 국가 장치, 패거리와 왕국, 거대 기계와 제국 등은 상호 독립해 있는 것이 아니라 끊임없는 상호작용의 자아 속에서 공존하고 경합하고 있다. 바로 이 상호작용의 장이 국가 내부에 자신의 내부성을 명확하게 한정하지만, 또한 국가를 벗어나거나 국가에 대항하는 것처럼 보이는 것 속에서 자신의 외부성을 그려낸다."

306) 『천 개의 고원』, 690쪽

이런 의미에서 '국가에 대항하는 사회'의 자급자족성은 인류학자의 '꿈'에 불과하다. 더 나아가 국가 장치에 의해 오염되지 않은 순수한 '국가에 대항하는 사회'는 존재하지 않고, 이런 의미에서 국가냐 국가에 대항하는 사회냐의 문제는 배타적 이접의 문제가 아니다. 들뢰즈와 가타리는 다음과 같이 쓰고 있다.

> "원시 공동체들의 자급자족, 자율성, 독립성, 선재성 등은 단지 민속학자의 꿈일 뿐이다. 이러한 공동체들은 반드시 국가에 의존하는 것이 아니라 복잡한 연결망 속에서 국가와 공존하고 있었기 때문이다."[307]

들뢰즈와 가타리는 더 나아가 경제적 관점에서의 진화론, 즉 '채집민-수렵민-목축민-농경민-산업인'의 순으로의 진화를 가정하는 이론이나 행동학적 진화론, 즉 '유목민-반(半) 유목민-정주민'의 순으로의 진화를 가정하는 이론 등이 우스꽝스러운 것이라고 말한다. 들뢰즈와 가타리에 의하면 유목민은 정주민보다 먼저 존재하지 않고, 가장 오래된 유목민조차도 도시의 정주민에서 '도주'함으로써 유목민으로 된 사람들이다. 이런 의미에서 '실체로서의 유목민'은 존재하지 않고, '유목민 되기'만이 존재한다. 그리고 국가는 언제 어디서나 존재했기에 '국가의 준비단계' 따위는 존재하지 않는다.[308]

---

307) 『천 개의 고원』, 827쪽
308) 『천 개의 고원』, 829쪽

3. 본성상의 차이

들뢰즈와 가타리에 의하면 국가 장치는 전쟁 기계를 완전히 내면화시킬 수 없다. 즉 전쟁 기계는 환원할 수 없는 외부성을 가지는 것이다. 국가는 이미 폭력수단으로서 경찰관과 교도관을 가지며, 동시에 '마법적으로 포획'하는 테크놀로지를 갖추고 있으나 전쟁 기계는 이들과는 '본성적으로' 다르다. 국가가 군대를 보유할 때조차도 전쟁 기계를 '전쟁의 법률적 통합과 군사기능의 조직화'를 통해서 전쟁 기계를 잘 길들여야 한다. 이런 의미에서 들뢰즈와 가타리는 다음과 같이 쓴다.

"전쟁 기계 자체는 국가 장치로 환원 불가능하며 국가의 주권 외부에 존재하고 국법에 선행하는 것처럼 보인다. 전쟁 기계는 다른 곳으로부터 온다."[309]

차라리 전쟁 기계와 국가 장치 사이에는 '본성상의 차이'가 있다고 볼 수 있다. 들뢰즈는 '장기'와 '바둑'의 차이로서 이 둘의 차이를 명징하게 설명한다. 장기에서 각각의 말들은 '내적 본성' 또는 '내적 특성'을 가지고 있으며, 이러한 질적 규정성을 가진다는 것은 장기의 말들이 '코드화'되어 있다는 것을 의미한다. "마는 마이며, 졸은 졸이며, 포는 포이다."[310] 이런 의미에서 장기는 '국가 장치'와 상응한다. 반면 바둑에서 각

---

309) 『천 개의 고원』, 673쪽
310) 『천 개의 고원』, 674쪽

각의 알은 내적 본성 또는 내적 특성을 가지고 있지 않으며, "오직 상황적 특성만을 갖고 있을 뿐이다."[311] 또한 말하자면 바둑은 '외부성의 형식'인 것이다. 이런 의미에서 바둑은 '전쟁 기계'와 상응한다.

　장기의 전쟁은 규칙화되고 코드화된 전쟁인 반면에 바둑의 전쟁은 탈코드화된 추상적인 흐름들의 접합접속이다. 이런 의미에서 "장기가 기호론이라면 바둑은 순수한 전략이다."[312]

　또한 궁극적으로는 장기와 바둑은 공간의 활용 방식에 있어서도 큰 차이를 보인다. 장기는 닫힌 공간을 분할하고 한 점에서 다른 한 점으로 나아가는 반면, 바둑은 열린 공간 속에 바둑알이 분배되어 "어떤 지점에서도 출현할 수 있는 가능성"[313]을 가지고 있다는 점에서 전쟁과 속도의 패러다임을 바꾼, 비릴리오가『속도와 정치』에서 언급하는 '현존 함대(fleet in being)'를 떠올리게 한다.

> "현존 함대는 … 전 세계 모든 곳을 안전하지 않게 만듦으로써 적의 권력의지를 분쇄하는 함대, 언제 어디에서든 공격을 개시할 수 있는 보이지 않는 함대가 바다에 항상 존재한다는 것을 뜻한다. … 이제부터는 한 도시에서 다른 한 도시로, 한 해안에서 다른 해안으로 … 가로질러 가는 것이 더 이상 문제되지 않는다. 현존 함대는 … 시공간상의 목적지가 없는 이동이라는 관념을 창출한다."[314]

---

311)『천 개의 고원』, 674쪽
312)『천 개의 고원』, 674쪽~675쪽
313)『천 개의 고원』, 674쪽
314) 폴 비릴리오,『속도와 정치』, 이재원 옮김, 서울: 그린비, 2016, 106쪽~109쪽

이러한 현존 함대와 같이 바둑알은 한 점에서 다른 점으로 나아가는 것이 아니라 "목적도 목적지도 없이, 출발점도 도착점도 없는 끝없는 되기(=생성)"[315]을 수행한다.

말하자면 바둑은 매끄러운 공간을, 장기는 홈 패인 공간을 형성하는 것이다. 들뢰즈와 가타리가 이 두 놀이의 분석을 통해 말하고자 하는 바는 바둑은 유목적 전쟁 기계를, 장기는 국가 장치를 나타낸다는 것이며, 특히 유목적 전쟁 기계와 국가 장치 사이에 공간 활용 방식에 있어서 큰 차이가 존재한다고 말하고 있는 것이다. 토인비의 말대로 유목민은 옮겨 다니지 않으며, 유목민과 정주민은 옮겨 다니느냐 아니냐에 의해서가 아니라 공간 활용 방식의 차이(정주적 분배 vs 유목적 분배)에 의해서 구별되는 것이다. 들뢰즈와 가타리는 다음과 같이 쓰고 있다.

"유목민의 궤적은 … 정주민들의 도로의 기능을, 즉 인간들에게 닫힌 공간을 배분하고 부분적인 공간을 각자의 몫으로 지정한 다음 이 부분들 간의 교통을 규제하는 기능을 수행하지 않는다. 그것은 정반대의 기능을 한다. 즉 인간들(또는 짐승들)을 열린 공간 속으로, 무규정적이며 교통하지 않는 공간 속으로 분배한다. … 유목민은 매끈한 공간 속에서 자신을 분배하고 이 공간을 차지하고 거주하며 보존한다. … 유목민을 운동에 의해 규정하는 것은 잘못이다. 이와 반대로 유목민은 오히려 옮겨 다니지 않는다고 주장한 토인비가 근본적으로 옳다. 이주민은 거주지가 황폐해지거나

315) 『천 개의 고원』, 675쪽

불모지가 되면 환경을 버리고 떠나는 데 반해 유목민들은 떠나지 않으며 떠나기를 원하지 않는 자들로서 … 매끈한 공간 속에 있으면서 이러한 도전에 대한 응답으로서 유목을 발명해 낸다."[316]

또한 들뢰즈와 가타리는 오직 유목민만이 절대적인 속도에 도달했다고 말한다. 왜냐하면, 절대적인 속도는 한 지점에서 다른 지점으로 가는 빠르기가 아니며, 언제 어디서나 그 입자가 출현할 가능성과 함께 "소용돌이를 일으키는 방식으로 매끈한 공간을 차지하거나 채우는"[317] 물체가 갖게 되는 절대적 성격을 의미하기 때문이다. 이런 의미에서 들뢰즈와 가타리는 상대적인 운동과 절대적인 속도를 구별해야 하며, 유목민만이 절대적인 속도를 갖고 있다고 말해야 한다고 주장한다.

국가의 임무는 자신을 통과하는 절대적 속도를 홈이 패인 공간을 통해서 상대적인 운동으로 만드는 것이다. 심지어 들뢰즈와 가타리는 국가가 "도로 관리자, 방향 전환기 또는 인터체인지"[318]에 불과하다고 말한다. 말하자면 국가는 모든 흐름을 포획하고 규제하는 데에 그 사활이 달려있기 때문이다. 들뢰즈와 가타리는 이런 의미에서 자신을 가로지르는 흐름의 총체에 대하여 '법이 지배하는 지대가 군림'하도록 만드는 것이 국가의 주된 관심거리라고 말한다. 왜냐하면 인구, 상품, 상업, 자금, 자본 등의 흐름을 포획, '결합'하여 재영토화해야 국가는 통치를 제대로 수행할 수 있기 때문이다

---

316) 『천 개의 고원』, 731쪽
317) 『천 개의 고원』, 732쪽
318) 『천 개의 고원』, 742쪽

반면에 유목민의 절대적인 속도는 시각적이라기보다는 '촉지적(haptique)'인 공간인 매끄러운 공간을 통해 드러난다. 그리고 매끈한 공간에서 유목민들이 일으키는 소용돌이는 유목민들에게는 방향의 가변성과 다성성이 존재한다는 것을 말하고 있으며, 이러한 가변성과 다성성은 공간을 리좀적인 공간으로 바꾸어 놓는다. 이러한 유목민의 공간은 국지적이지만 한정되지 않으며 절대적이다. "유목민은 … 국지적으로 표현되고 다양한 방향으로 전개되는 국지적 조작체계를 통해 생산되는 절대성, 예를 들어 사막, 스텝, 빙원, 바다 같은 국지적 절대성 속에 존재한다."[319]

4. 무기와 도구

들뢰즈와 가타리에게 있어 도구와 무기의 구분은 그것이 사람을 죽이느냐 아니냐와 같은 유치한 기준에 의해서 이루어지는 것이 아니다. 같은 기술적 요소도 어느 기계적 배치에 들어가느냐에 따라서 도구가 될 수도 있고, 무기가 될 수도 있다. 어떤 기술적 요소가 기계적 배치를 통해서 투사적(projectif)으로 될 때 그것은 무기이고, 내사적(intéroceptif)으로 될 때 그것은 도구이다.

---

319) 『천 개의 고원』, 734쪽

두 번째 구분은 무기와 절대적 속도가, 도구와 상대적인 운동이 본질적인 관계를 맺고 있다는 사실로부터 나온다. 비릴리오에 따르면 "무기가 속도를 발명하거나 속도의 발견이 무기를 발명"[320]한다. 그리고 이러한 속도를 생산하는 '모터'에는 두 가지 모델이 있는데, 하나는 노동 모델이고, 다른 하나는 자유로운 행동 모델이다. 들뢰즈와 가타리는 다음과 같이 쓴다.

"노동이란 저항에 부딪치면서 외부에 작용해 결과를 창출하고 소비 또는 소진되는 동력원으로서 매 순간 끊임없이 갱신되어야 한다. 자유로운 행동 역시 동력원이기는 하지만 극복해야 하는 저항에 부딪치는 일도 없으며, 오직 동체 자체에만 작용하며, 따라서 결과를 창출하게 위해 소진되는 일이 없는 연속적 동력원인 것이다."[321]

그리고 자유로운 행동이 무기/절대적인 속도와 관련이 있는 반면에 노동은 도구/상대적인 속도와 관련이 있다. 사실 완벽한 자유로운 행동은 불가능하다. 그럼에도 불구하고 노동 모델에 가까운 것을 실현시킬 것인지 자유로운 행동 모델에 가까운 것을 실현시킬 것인지는 이 기술적 요소가 전쟁 기계의 배치에 들어가느냐 아니면 국가 장치의 배치에 들어가느냐에 따라 다르다. "기술적 요소는 그것이 전제하고 있는 배치물과 관련되지 않는 한 추상적일 뿐이며, 전혀 무규정적인 것으로 그치고 만다."[322]

---

320) 『천 개의 고원』, 760쪽
321) 『천 개의 고원』, 763쪽
322) 『천 개의 고원』, 764쪽

이런 의미에서 전쟁 기계라는 배치물에서 국가 장치라는 배치물보다 더 자유로운 행동모델에 가까운 것을 실현한다. 이런 의미에서 '전쟁 기계-무기-자유로운 행동-절대적인 속도'가 하나로 묶이고, '국가 장치-도구-노동-상대적인 운동'이 하나로 묶인다. 그리고 이런 의미에서 들뢰즈와 가타리는 "속도 자체가 무기 체계"[323]라고 말한다.

앞에서 보았듯이 '배치'는 그 구성 요소에 선행한다. 그 구성 요소가 도구이든 무기든 말이다. 예를 들어 중장 보병의 무기는 밀집 방진이라는 '배치'의 결과이며, 어떤 무기가 다른 배치 속에 들어가면 전혀 다른 기능과 본성을 갖게 된다. "어떠한 경우에도 무기 체계를 만들어내는 것은 배치이다."[324]

그리고 들뢰즈와 가타리는 배치는 기본적으로 욕망의 편성이고, 정념이란 "배치에 따라 달라지는 욕망의 현실화"[325]라고 말한다. 전쟁 기계의 배치에서 정념은 스피노자적 의미에서 아펙트(affect)인데 반해서 노동체제에서 정념은 "'형식'의 조직화나 발전과 불가분의 관계"에 있다. 스피노자적 의미의 개체는 형식이나 기능이 아닌 입자들 사이의 느림과 빠름, 정지와 운동의 비율에 의해서, 그리고 변용 능력을 뜻하는 아펙트에 의해서 규정된다. 이를 뒤집어서 생각하면 아펙트는 "'형식'의 조직화나 발전"과 관련이 적다는 것을 알 수 있다. 반면 국가 장치는 '노동자의 형식'으로서 감정(sentiment)의 정념 체제이다.

323) 『천 개의 고원』, 765쪽
324) 『천 개의 고원』, 766쪽
325) 『천 개의 고원』, 767쪽

감정과 아펙트는 어떻게 다른 것일까? 들뢰즈와 가타리는 아펙트는 무기와 마찬가지로 바깥으로 '투사'되는 것인데 반해, 감정은 도구와 마찬가지로 '내사'되는 것이라고 말한다. 더 나아가 들뢰즈와 가타리는 차라리 무기=affect의 관계가 성립한다고 말한다. 그리고 affect의 역량을 강화한다는 것은 "스스로 탈각하는 것, 자기를 비우는 것을 배우는 것"[326]이다. 이런 의미에서 전사가 된다는 것은 주체를 강화하는 것이 아닌 코드화된 주체를 해체하는 것이다. 이런 의미에서 전쟁 기계는 탈코드화의 운동과 관련이 있고, '노동자의 형식'은 초코드화하는 국가와 관련이 있다.

또한 '도구-문자-노동'은 본질적인 친화성이 있는 반면에 '무기-보석류-전쟁 기계' 역시 본질적인 친화성이 있다. 우리가 '원시사회'라고 부르는 사회에서는 기호가 몸에 직접 기입되는 반면에, 국가 사회에서는 기호가 "움직이지 않는 객체적인 물질 위에 씌어진다."[327] '원시사회'라고 불리는 사회에서는 주체와 대상의 분리가 존재하지 않으므로 '대상'이 존재하지 않는다. 그런데 도구가 존재하기 위해서는 '대상'이 존재해야 하며, 이러한 '도구'와 '대상'과 '객체적인 물질 위에 씌어지는 문자'는 동 근원적이다. 그리고 이 근원은 바로 국가 장치를 가리키고 있다. 그리고 국가의 강제와 함께 진정한 의미에서 '노동'이 성립하게 된다. 그 이전에는 노동이 존재하지 않았다는 것은 진정한

---

326) 『천 개의 고원』, 768쪽
327) 『천 개의 고원』, 769쪽

의미의 '노동'이 존재하기 위해서는 "국가 장치에 의한 행동의 포획과 문자에 의한 행동의 기호화"[328]가 필요하다는 것에서 잘 드러난다.

반면에 유목민들의 무기는 보석류와 깊은 관련이 있다. 혹자는 전쟁 무기에 '쓸데없는' 장식품으로서 보석류가 붙여진다는 것을 의아하게 생각할지도 모르지만 사실 어떤 행동이 '쓸모 있다' 혹은 '쓸모없다'라고 생각하는 것은 노동-국가 체제에서만 가능한 것이다. 들뢰즈와 가타리는 다음과 같이 쓴다.

"이러한 장식품을 만들기 위해서는 쏟아부어야 할 노력이나 수고가 어떠한 것이건 이들은 순수하게 움직이는 자유로운 행동에 의해 만들어진 것이지 중력이나 저항, 소진과 결합된 노동의 결과에서 비롯되는 것은 아니다."[329]

그리고 이러한 보석 장식품의 추상 역량과 표현 역량은 문자에 못지않는다. 이런 의미에서 무기와 도구를 구별하는 5가지 기준이 있는 것이다. 즉 방향에 있어서 투사인지 아니면 내사인지, 절대적 속도인지 아니면 상대적인 운동인지, 자유로운 행동에 가까운지 아니면 노동에 가까운지, 문자를 통한 표현인지 아니면 보석류를 통한 표현인지, 정념이나 음조가 아펙트(affect)인지 감정(sentiment)인지에 의해 구별되는 것이다.

---

328) 『천 개의 고원』, 769쪽
329) 『천 개의 고원』, 770쪽

5. 야금술과 대장장이, 그리고 유목민

무기를 만드는 것은 결국 대장장이의 야금술이다. 먼저 야금술을 보자. 들뢰즈와 가타리에 의하면 야금술에 있어서 '물질'은 조작되는 특이성들의 집합과 아펙트적인 질인 표현의 특질들로 규정될 수 있다. 그리고 이러한 특이성들의 집합과 표현의 특질이 지층화된 것이 바로 '기계적 배치물'이라고 들뢰즈와 가타리는 말한다. 그리고 여러 배치물들을 가로질러 실현되는 특이성들의 집합과 표현의 특질들을 들뢰즈와 가타리는 '기계적 문(phylum)'이라고 부른다. 이런 의미에서 들뢰즈와 가타리는 다음과 같이 쓴다.

> *"배치물이 문을 상이하게 분화된 선들로 분할하는 동시에 기계적인 문은 이 모든 배치들을 관류해 한 배치물을 떠나 다른 배치물로 이동하거나 모든 배치물을 공존시키거나 한다."*[330]

여기서 생물 분류에서 쓰이는 문(phylum)이라는 용어가 쓰이는 것은 우연이 아니다. 실제로 하나의 배치물에서 다른 배치물로의 이행은 생명의 진화, 비유기적 생명의 진화라고 볼 수 있다. 들뢰즈와 가타리는 이런 의미에서 '생명의 도약(elan vital)?'이라고 물음표를 던지고 있다. 들뢰즈와 가타리는 역사와 사회에 진화론을 도입하는 것은 반대하지만, 기술적 사물에는 진화론을 도입하는 것은 가능하

---

330) 『천 개의 고원』, 781쪽

다고 본다. 즉, 여기서 환경을 '기술적 환경과 내부 환경'이라 본다면 이러한 환경이 특이성들과 표현의 특질들을 '선별, 통일, 수용'[331]하는 '선택'함으로써 기술적 사물들의 '진화'가 이루어진다는 것이다.

그런데 이와 같은 모든 기계적 문들을 관통하는 '관념적인' 기계적 문이 존재한다. 그것은 '운동-물질의 흐름', 즉 '연속적으로 변주되는 물질의 흐름'이다.[332] 이 운동-물질, 흐름-물질은 탈지층화되고 탈영토화된 물질이며, '모호한 본질(후설)'로서 '물체성(질료성)'을 가진다. 들뢰즈와 가타리는 다음과 같이 쓴다.

> "후설은 계량적이고 형상적인 고정된 본질과 구별되는 질료적이고 모호한, 즉 유동적이고 비정확하지만 엄밀한 본질의 영역을 발견함으로써 우리 사유의 결정적 일를 내딛었다. ⋯ 이들 모호한 본질들은 형식적 본질뿐만 아니라 형식화된 사물과도 구별되며, 퍼지 집합을 구성한다. 또한 이것은 지성적인 형식적 본질, 형식화되고 지각된 감각적 사물성과도 구별되는 물체성(질료성)을 끄집어낸다."[333]

이 물체성은 절삭, 부가, 투사 등의 '사건'으로 작용하는 '변형 또는 변용 과정'과 저항, 경동, 무게, 색채 등의 가변적인 아펙트(affect)의 두 가지 성격으로 나타난다. 이를 통해 변용태 사건이라는 '순회하는 짝짓기'가 나타나며, 이것이 '모호한 물체적 본질'을 구성하는 것이다.

---

331) 『천 개의 고원』, 782쪽
332) 『천 개의 고원』, 781쪽
333) 『천 개의 고원』, 782쪽~783쪽

그리고 기술적 사물들은 아리스토텔레스적인 형상 질료 도식으로 환원되지 않는다. 시몽동이 이러한 형상 질료 가설을 비판한다. 이 가설에서는 형상과 질료가 '개별적으로 규정할 수 있는 두 항목'이지만, 구체적으로 이 둘을 어떻게 결합시킬 수 있는지는 설명하지 못한다. 들뢰즈와 가타리는 시몽동을 따라 아리스토텔레스의 이론에서는 이 둘 사이에 조작으로서의 사건을 표현하는 '운동 중에 있는 에너지적 질료성'과 '목재의 다공질의 정도나 탄성, 저항력의 정도'와 같은 가변적 아펙트(affect)가 빠져있다고 말한다. 이런 의미에서 형상과 질료 사이에는 '에너지적, 분자적 지대'가 존재하며, 고정된 형상을 질료에 각인시키는 주조 작업이 아니라 "끊임 없이 변화하는 연속적인 변조 과정"[334]이 존재하기 때문이다.

들뢰즈와 가타리에 의하면 야금술은 금속을 일종의 생명으로, 즉 '비유기적인 생명'으로 생각했다고 한다. 왜냐하면, 자신들의 작업을 고정된 형상과 준비된 물질로부터 금속을 '해방'시키는 것으로 여겼기 때문이다.

> "야금술에 의해 빛을 보게 되는 것은 물질에 물질 특유의 생명, 물질 그 자체의 생명적인 상태로서 설령 어디에나 존재한다고 하더라도 통상 질료 형상 모델에 의해 분리되어 은폐되고 숨겨져 있어 인식되지 않는 물질적인 생명성이 밝게 드러나게 된다."[335]

이러한 비유기적 생명이란 관념은 사실상 들뢰즈와 가타리 자신들

---

334) 『천 개의 고원』, 785쪽
335) 『천 개의 고원』, 789쪽

의 '기관 없는 신체' 개념과 동일한 것이다.

그런데 이러한 야금술을 가진 대장장이는 먹을 것을 구하기 위해 정주하는 농민들이나 제국의 관료에 의존해 생활할 수밖에 없었으나 다른 한편으로는 유목민과 관계를 맺었다. 왜냐하면, 제국의 평야에는 광맥이 없었고, '광맥을 찾으려면 사막을 가로지르고 산맥 쪽으로 다가가야' 했으며, 이러한 광산을 관리하는 이들은 사실상 유목민들이었기 때문이다. "모든 광맥은 도주선이며, 매끈한 공간과 통해 있다."[336]

이런 의미에서 대장장이는 유목민과 정주민 둘 다 아니었으며 "순회하는 자, 이동하는 자"[337]이자 방랑자였다. 대장장이들은 공간에 홈을 패는 것도 공간을 매끄럽게 만드는 것도 아니고, 공간에 구멍을 뚫어 "스위스 치즈처럼 구멍 투성이로"[338] 만들었다.

그런데 대장장이들은 유목민과 접속할 때만 창의성을 최대로 발휘할 수 있었다. 왜냐하면, 야금술이 유목적 전쟁 기계와 접속할 때에는 "그것은 일종의 리좀이 되어 비약하고 우회하고 지하를 통과하고, 공중에 줄기를 뻗"는 반면에 국가 장치에 접속할 때는 코드화됨으로써 도주선이 틀어막히고 "기술적 조작이 노동 모델에"[339] 종속되어 대장장이의 작업이 강제적인 '노동'이 되게 하기 때문이다.

이런 의미에서 대장장이는 유목민에게 더 친화적이라고 볼 수 있다. 심지어 들뢰즈와 가타리는 "유목적 전쟁 기계는 소위 표현의 형

---

336) 『천 개의 고원』, 791쪽
337) 『천 개의 고원』, 793쪽
338) 『천 개의 고원』, 794쪽
339) 『천 개의 고원』, 797쪽

식이며, 이것과 관련된 내용의 형식이 바로 이동적 야금술"이라고 말하고 있다. 이를 정리하면 다음 표와 같다.

	내용	표현
실 체	구멍 뚫린 공간 (기계적 문 또는 물질 흐름)	매끄러운 공간
형 식	이동적 야금술	유목적 전쟁 기계

6. 전쟁 기계와 전쟁

우리의 모든 예상과는 다르게 전쟁 기계는 전쟁을 일차적인 목표로 삼지 않는다. 오히려 전쟁 기계에게 전쟁은 보충적인 목표이다. 전쟁 기계는 매끄러운 공간을 확장하고자 하는데 이는 국가 장치의 홈 패인 공간과 충돌하기 때문이다. 오히려 국가 장치에 전쟁 기계가 포획되어 군대가 되었을 때, 이 군대는 오직 전쟁만을 목표로 하는 조직이 된다. 들뢰즈와 가타리는 다음과 같이 쓴다.

"바로 이것이 유일하고 진정한 적극적인 목표다(노모스). 즉 사막이나 스텝을 늘리되 그것에서 인간이 살 수 없게 만들지는 말아라. 그와 정반대로 하라. 그래도 어쩔 수 없이 전쟁이 초래된다면 그것은 전쟁 기계가 이 기계의 적극적인 목적에 대립하는(홈을 파

는) 세력으로서의 국가나 도시와 충돌하기 때문이다.[340]

  말하자면 전쟁은 전쟁 기계의 보충물이다. 따라서 전쟁과 전쟁 기계의 관계는 '분석적'이지 않고 '종합적'이라고 들뢰즈와 가타리는 말한다. 그런데 이러한 종합적 관계는 전쟁 기계가 국가에 전유되어 군대로 재편되게 되면 분석적 관계로 바뀐다. "국가 장치가 전쟁 기계를 전유하는 것과 전쟁 기계가 전쟁을 목표로 하는 것 그리고 전쟁이 국가의 목적에 종속되는 것은 모두 동시에 진행된다."[341]

  이러한 '국가의 목적'은 물론 정치적인 목적이다. 그런데 국가가 이 목적을 달성하기 위해 총력전으로 나아가게 되면, 전쟁 기계가 고삐가 풀리면서 국가가 전쟁 기계에 끌려다니게 된다. 더 나아가 "국가 자체가 이 전쟁 기계의 단순한 한 부분"[342]에 지나지 않게 된다. 이를 통해 클라우제비츠의 '전쟁은 정치의 연장'이라는 공식이 역전되어 '정치는 전쟁의 연장'이 되는 것이다.

  들뢰즈와 가타리는 '평화'를 궁극적 목적으로 하는 세계적 규모의 전쟁 기계가 존재한다고 본다. 즉 총력전보다 더 무시무시한 평화가 출현한다는 것이다. 그리고 이제 "국가들은 이 새로운 전쟁 기계에 적합한 목표나 수단 밖에 가지고 있지 않게 된다." 이러한 '평화'를 목적으로 하는 세계적 규모의 전쟁 기계는 '임의의 적'을 만들어낸다. 그럼에도 불구하고 들뢰즈와 가타리는 이 절망적인 상황에서도 희망

---

340) 『천 개의 고원』, 800쪽
341) 『천 개의 고원』, 802쪽
342) 『천 개의 고원』, 808쪽

을 찾으려고 한다. 전 세계적 전쟁 기계르르 가능하게 하는 고정 자본과 가변 자본이 "예상 밖의 반격이나 예기치 못한 주도권을 장악할 수 있는 가능성을"[343] 열어놓고 있기 때문이다.

이와 같은 전 세계적 전쟁 기계에 맞설만한 소수적인 전쟁 기계가 충분히 출현할 수 있다. 왜냐하면, 기계적 문(phylum)에 대해 잘 알고 있는 오늘날의 대장장이로서의 엔지니어들이 존재하며, 이들이 유목적 전쟁 기계와 접속하면 폭발적인 시너지 효과를 낼 수 있기 때문이다. 이와 같은 소수적 전쟁 기계는 전쟁을 궁극적인 목표로 삼는 것이 아니며, 창조적인 도주선을 그리며 매끄러운 공간을 창조하는 것을 목표로 삼아야 한다.

7. 제국, 도시, 자본주의

들뢰즈에 의하면 정치적 주권은 두 가지 극을 가진다. 하나는 제국이고, 다른 하나는 도시이다. 이 두 극은 각각의 국가에서 서로 다른 내부성의 환경으로서 조성의 통일성을 만들어낸다.

들뢰즈와 가타리에 의하면 원 국가는 제국의 형태로 나타났다. 제국의 황제는 모든 것 위에 군림할 뿐만 아니라 "유일한 공적 소유자,

---

343) 『천 개의 고원』, 809쪽

잉여 또는 비축물의 지배자, 대토목공사(잉여 노동)의 조직자, 공적 기능과 관료기구의 원천"[344]이다. 황제는 포획과 매듭에 의한 '묶음'에 의해 속박 체제를 구성한다. 반면에 도시는 판관으로서의 '왕'이 다스리지만, 이러한 왕은 '정의'와 '법'의 보증자이고 테크놀로지와 도구를 통해 통치한다.

들뢰즈와 가타리에 의하면 도시는 도로의 상관물이며, 따라서 다른 도시와의 수평적 그물망으로서 횡단적 일관성(trans-consistance)이 중요하다. 도시에서 중요한 것은 들어가는 것과 나오는 것의 '빈도'이다. 그리고 물질이 도시의 중심에 집중되는 극화의 현상이 일어난다. 또한 도시의 통합은 국지적인 것으로서 이 도시국가들의 권력은 초월적인 높이로 솟아오른 권력이 아니라 '불가피한 조정을 위한 권력'이다. 이런 의미에서 도시국가들은 제국의 '관료제'가 아닌 관직제도(magistrature)를 발전시켰다.

반면에 제국은 내적 일관성이 중요하다. 제국은 다양한 점들을 공명시키고, 도시와 농촌을 공명시키는 동시에 계층화된 수직체를 만들며, 따라서 "성층 작용에 의해 작동한다."[345] 이러한 수직적인 계층제도 때문에 권력의 중심은 한가운데가 아니라 가장 높은 곳에 위치하게 된다. 정리하자면 다음 표와 같다.

제국	내적 일관성	전면적 통합	공명	성층 작용
도시	횡단적 일관성	국지적 통합	빈도	극화 작용

---

344) 『천 개의 고원』, 823쪽
345) 『천 개의 고원』, 833쪽

제국은 초코드화를 진행시키면서 필연적으로 탈코드화되고 탈영토화하는 흐름을 발생시킨다. 1) 이것은 우선 사람들이 기존에 존재했던 피정복자 공동체의 코드에 따르지 않고 상위에 있는 제국의 코드를 따르기 때문이다. 2) 또한 다른 한 편으로 제국 자체가 '배제된 자'를 만듦으로써 스스로 화폐, 노동, 소유의 탈코드화된 흐름을 만들어낸다.

그런데 도시는 이러한 탈코드화된 흐름을 재코드화함으로써 작동한다. 이러한 재코드화는 제국의 초코드화와는 구별되지만, 이러한 도시가 자본주의를 만들어내는 것은 아니다. 왜냐하면, 은행 도시와 상업 도시는 재코드화를 통해 "탈코드화된 흐름의 일반적 결합"을 [346]금지하기 때문이다. 오히려 "자본주의는 도시 형태가 아니라 국가 형식을 통해 승리한다."[347]

이런 의미에서 '자유 시장 자본주의'는 존재하지 않으며, 세계적 규모의 공리계를 실현하는 국민국가가 도시를 복속시킴을 통해 자본주의가 발생하는 것이다. 이러한 자본주의 공리계의 실현 모델이라는 점에서 각 국가는 동형적인 것이 되는 경향이 있지만, 이러한 동형성은 동질성이 아니다. 그리고 이러한 동형성마저도 자본주의 주변에서는 성립하지 않는다. 이러한 이형적인 사회구성체는 세계 시장에 대한 부적응으로 인해 "전 자본주의적이거나 더 나아가 외(外) 자본주의적 형태를 띠게 된다."[348]

들뢰즈와 가타리에 의하면 원시사회에는 '축적'이 존재하지 않으며,

---

346) 『천 개의 고원』, 835쪽
347) 『천 개의 고원』, 836쪽
348) 『천 개의 고원』, 840쪽

자신들의 고유한 배치가 변경되지 않도록 하는 다양한 메커니즘이 있다. 축적에 고유한 이익이 존재하지 않는다면 사람들이 원시사회의 배치를 바꿀 이유는 없을 것이다. 만약 이러한 이익이 존재하지 않는다면 "물건들은 축적되기보다는 오히려 파손되거나 소비되어 버리고 말 것이다."[349] 실제로 원시사회는 축적으로 인해 기존의 배치가 변형되지 않도록 '소비'를 작동시킨다. 그리고 축적은 '잉여'를 포획하는 장치이다. 이러한 '잉여'에는 지대, 이윤, 세금이 있다.

1) '지대'라는 포획장치가 성립하게 위해서는 토지들 사이의 생산성의 '차이' 혹은 동일한 토지 위에서의 서로 다른 작물을 계기적으로 재배했을 때의 생산성의 차이가 존재해야 한다. 즉 동일한 양의 자본과 노동을 투입했을 때 얻어지는 생산성의 '차이'가 존재해야 한다. 이를 위해서는 "동시에 경작되는 영토들이 공존하던가 그렇지 않으면 동일한 영토 위에서 계기적으로 경작이 행해"[350]져야 한다. 지대는 가장 높은 생산성과 가장 낮은 생산성의 '차이'로서 잉여를 토지 소유자에게 귀속시킴으로써 발생한다.

이런 의미에서 지대의 축적은 ① 토지의 생산성의 차이가 양적으로 '비교' 가능하고 ② 이러한 토지가 전유 가능해야 비로소 가능하다.

2) 그리고 '노동'으로부터 '이윤'을 뽑아내는 포획 장치 역시도 인간

349) 『천 개의 고원』, 846쪽
350) 『천 개의 고원』, 846쪽

활동이 양적으로 비교 가능해지고, 잉여노동이 전유 가능해져야 작동할 수 있다. 들뢰즈와 가타리는 이런 의미에서 노동이 잉여노동에 선행하지 않으며, 어떤 작업에 노동의 성격을 부여하는 것은 바로 이러한 잉여노동이라고 말한다. 노동이 인간 활동의 양적 비교를 통해 구성되는 것이라면 잉여노동은 "사업주에 의한 노동의 독점적 전유"[351]에 의해 만들어지는 것이다.

3) 그리고 세금이라는 포획 장치가 있다. 에두아르드 빌은 화폐는 물물교환에 의해서가 아니라 세금으로부터 탄생했다고 말한다. 이러한 세금은 가난한 자들에게는 재화나 노동의 형태로, 부유한 자에게는 금전 형태로 부과되었는데, 이러한 조세 정책은 화폐와 재화/노동과의 등가관계를 수립하고 화폐를 일반적 등가물을 만들었다. 이러한 등가 관계로부터 '객관적 가격'이 가능해진다. 이런 의미에서 세금은 객관적 가격의 기층을 만들었다. 이러한 객관적 가격으로부터 상품들간의 양적 비교가 가능해졌고, 이러한 비교 수단으로서의 화폐의 독점적 발행권을 국가가 전유하게 된다.

이러한 지대, 이윤, 세금을 포획하는 배치는 '축적'의 배치이다. 영토의 축적은 토지가 되고, 인간활동의 축적이 노동이 되며, 교환의 축적이 금전이 된다. 그런데 원시사회에서는 영토, 인간활동, 교환은 존재하지만 축적이 이루어지지 않는다. 이런 의미에서 축적은 다른

---

351) 『천 개의 고원』, 850쪽

배치로서 '고대 제국'이 필요하다.

이러한 세 가지 포획의 양태는 초코드화하는 황제의 권력으로 수렴한다. 이러한 축적의 배치로서 제국적 포획의 세 가지 양태는 "권력의 자본화의 세 가지 형태 또는 '자본'의 세 가지 분절 방식이기도 하다."[352] 그리고 포획 장치는 비교와 독점적 전유에 의해서 구성된다.

그리고 이 포획 장치로서의 제국은 공동의 토지, 화폐, 노동을 가지고 있으며, 이것은 유일한 공적 소유자로서 황제에 의해 전유된다. 그리고 이러한 원 국가는 언제 어디서나 이미 존재했기에 토지, 화폐, 노동의 사적인 전유로부터 국가의 전유가 발전되어 나온 것이 아니다. 그렇다면 사적인 소유는 어떻게 가능했는가? 그것은 '배제된 집단'에 의해서이다. 제국의 초코드화 장치는 필연적으로 탈코드화된 흐름으로서 화폐, 노동, 소유의 흐름을 발생시킨다. 제국은 그 초코드화 속에서 끊임없는 축적 속에서 대장장이와 상인을 "좁은 한계로 밀어넣고, … 지배계급에 봉사하도록"[353] 하기 때문에 대장장이와 상인은 제국으로부터 벗어나 주변의 도시국가로 향하게 된다. 들뢰즈와 가타리는 다음과 같이 쓰고 있다.

"에게 해 세계로 건너 온 동방의 많은 야금술 장인과 상인들은 이곳에서 훨씬 더 자유롭고 다양하며 안정적인 조건을 발견하게 되었다."[354]

그리고 에게 해의 도시국가들은 동방제국의 축적으로부터 소외되

---

352) 『천 개의 고원』, 854쪽
353) 『천 개의 고원』, 864쪽
354) 『천 개의 고원』, 865쪽

지 않을 만큼 제국과 가까웠으나 제국의 통제가 미치지 않을 만큼 먼 곳에 위치했다. 이러한 절묘한 위치 때문에 에게 해의 도시국가들은 제국의 축적을 '이용'하면서도 제국으로부터 자유로웠다. 이러한 도시 국가에서는 사적인 것이 도입되고 도시국가는 "사적인 것과 공적인 것의 혼합 형태"[355]로 나아간다. 더 나아가 공공영역은 "사적인 전유를 위한 공유된 수단"[356]에 불과하게 된다. 그리고 국가 장치는 이제 초코드화하지 않고 노동, 화폐, 소유 등의 탈코드화된 흐름을 재코드화하고자 한다. 즉 새로운 국가 장치는 탈코드화된 흐름을 필요로 하지만 탈코드화된 흐름들이 '결합'하는 것을 막는다. 이것은 도시가 자본주의를 선취하지만 동시에 저지한다는 것을 의미한다.

자본주의가 성립하려면 최소의 두 개의 탈코드화된 흐름이 결합되어 '전체적 통합' 이루어야 하기 때문이다. 1) 농노제의 코드와 영토로부터 탈코드화되고, 탈영토화된 노동의 흐름과 2)탈코드화되었을 뿐만 아니라 토지, 상품, 화폐로부터 탈영토화된 부로서 '자본'의 흐름이 결합해야 하는 것이다. 그리고 탈코드화된 노동의 흐름은 보편적 주체를, 탈영토화된 자본의 흐름은 '임의의 객체'를 만들어낸다.

"이것들이 갑작스럽게 추상적으로 결합되어 서로에게 보편적 주체와 임의의 객체를 부여할 때 바로 자본주의가 구성된다. 자본주의는 질적으로 아무런 규정도 받지 않는 부의 흐름과 마찬가지로 질적

---

355) 『천 개의 고원』, 866쪽
356) 『천 개의 고원』, 866쪽

인 한정을 받지 않는 노동의 흐름과 만나 접합될 때 형성된다."[357]

이런 의미에서 자본주의는 탈코드화된 흐름들의 일반 공리계이다. 이러한 자본주의적인 사적 소유는 본질적으로 권리 자체와 관계를 맺지, 토지, 물건, 사람과 관계를 맺는 것이 아니다. 들뢰즈와 가타리는 다음과 같이 쓴다.

"사적 소유는 더 이상 토지나 땅의 사적 소유, 또 개개의 생산 수단 자체의 사적 소유가 아니라 변화 가능한 추상적 권리의 사적 소유인 것이다."[358]

들뢰즈와 가타리는 기계적 노예화와 사회적 예속을 구별한다. 기계적 노예화란 인간이 초코드화하는 사회 기계의 부품이 되는 것이고, 사회적 예속이란 인간을 '외부의 것과 연관된 주체'로 구성한다. 즉 노예화와 달리 예속은 예속적 주체화의 과정인 것이다. 국민국가에서 인간은 노예화되기보다는 예속화된다. 즉, 이러한 예속적 주체화의 과정은 자본주의적인 탈코드화된 흐름의 공리계보다는 이러한 공리계의 실현모델로서 국민국가에 의해 이루어지는 것이다. 반면 자본주의적 공리계는 '기계적 노예화'를 진행시키는데, 이러한 공리계는 전제군주와 같이 초월적이지 않고 내재적이기에 이는 제국적 기계로의 단순한 회귀라고 볼 수는 없다.

따라서 들뢰즈와 가타리는 노예화/예속화의 관점에서 다음과 같이

---

357) 『천 개의 고원』, 869쪽
358) 『천 개의 고원』, 871쪽

국가 형태를 구별할 수 있다고 말한다.

1) 노예화의 체제로서 제국

2) 예속화의 체제로서 도시국가

3) 노예화와 예속화를 결합시키는 체제로서 국민국가

들뢰즈와 가타리는 역사가 1→2→3의 순서로 진행되고 있지만 한편에서는 3에서 1로의 진행, 즉 제국의 부활도 진행 중이라고 말한다.

> *"제3기의 근대 국가들은 이제 내재적으로 된 형태의 새로움과 현대성과는 무관하게 … 공리계를 실현하면서 … 가장 절대적인 제국을 부활시킨다. 자본주의는 '원 국가'를 부활시키고, 이 국가에 새로운 힘을 부여한다."*[359]

8. 결론: 자본주의 공리계에 대하여

자본주의의 공리는 결코 도덕적인 언표나 이데올로기적 언표가 아니라 오히려 실재하는 흐름들을 대상으로 하며 흐름들의 접합을 형성함으로써 "생산, 유통, 소비의 배치의 성분으로

---

359) 『천 개의 고원』, 881쪽

들어가는 조작적인 언표"를 의미한다.

들뢰즈에 의하면 자본주의는 공리계를 추가하려는 경향이 있다고 말한다. 세계 경제 공황과 러시아 혁명의 여파로 자본주의는 노동조합과 국가의 역할 등에 관한 관한 공리를 새로 발명해 내야 했다. 이뿐만 아니라 현대 자본주의에서 사회 민주주의적 경향은 공리를 추가함으로써 흐름을 제어하려고 한다.

반면에 공리를 제거하려는 경향이 존재하는데, 이것은 놀랍게도 전체주의 국가의 경향이다. "전체주의 국가는 최대 국가가 아니라 오히려 비릴리오의 공식대로 무정부-자본주의의 최소 국가…이다."[360]

파시즘은 겉으로 보기에는 공리를 증식하는 경우도 있는 것처럼 보이지만, 이것은 실제로는 허구에 불과하고 실제로는 뺄셈을 진행시킨다.

여기서 자본주의는 공리를 빼거나 더한다고 해서 붕괴되거나 정지되지 않음을 알 수 있다. 오히려 마르크스의 말대로 자본의 한계는 자본 자신이며, 자본은 자신의 한계에 충돌함으로써 이러한 한계를 이동시킨다. 전체주의적으로 공리를 제거하려는 경향이 자본을 한계에 부딪히게 한다면, 사회-민주주의적으로 공리를 부가하려는 경향이 자본의 한계를 이동시킨다. 이런 의미에서 공리를 무조건 빼는 것이나 공리를 무조건 더하는 것이 반드시 혁명적이지는 않음을 알 수 있다. 오히려 상황에 따라 신중하게 선택해야 한다.

그런데 들뢰즈와 가타리는 괴델을 인용하며 모든 수학적 공리계에는 '결정 불가능한 명제'가 존재하듯이 자본주의 공리계에도 결정 불

---

360) 『천 개의 고원』, 886쪽

가능한 지점이 존재한다고 말한다. 이러한 결정 불가능성이란 체계의 요소가 동시에 체계를 넘어서는 데 필요한 요소가 될 수 있음을 의미한다. 들뢰즈와 가타리는 소수자들의 사소한 욕망이 "공리계가 허용할 수 없는 하나의 점"[361]을 갖고 있을 수 있다고 말한다. 즉 처음에는 사소한 소수자의 요구가 극히 사소한 문제마저도 해결할 수 없는 자본주의적 공리계의 무능을 드러낼 수 있다. 그리고 이런 의미에서 "결정 불가능한 것은 무엇보다도 혁명적 결정인들의 맹아"[362]라고 들뢰즈와 가타리는 말한다.

　이런 의미에서 자본의 외적 한계는 존재하지 않지만, 우리는 혁명을 할 수 있다. 이뿐만 아니라 앞에서 보았듯이 현대의 대장장이로서 엔지니어들로부터 새로운 의미의 야금술을 얻음으로써 우리는 소수적이고 혁명적인 전쟁 기계를 구성할 수 있다. 들뢰즈와 가타리는 다음과 같이 쓴다.

"세계적 규모의 노예화 체계로서 하이테크가 떠오를지도 모르겠다. 그러나 이러한 기계적 노예화조차, 또는 바로 여기서 결정 불가능한 명제와 운동은 흘러넘치고 있다. 이러한 명제와 운동은 '라디오 되기', '전자적인 것 되기', '분자적인 것 되기' 등 세상 모든 사람 되기에 무기를 제공한다. 이 모든 결정 불가능한 명제의 한가운데를 통과하지 않는 투쟁, 공리계의 결합에 맞서 혁명적 연결접속을 구축하지 않은 투쟁은 존재하지 않는다."[363]

---

361) 『천 개의 고원』, 900쪽
362) 『천 개의 고원』, 903쪽
363) 『천 개의 고원』, 903쪽~904쪽

참고 문헌

질 들뢰즈, 펠릭스 가타리, 『천 개의 고원』, 김재인 옮김, 서울: 새물결, 2003
폴 비릴리오, 『속도와 정치』, 이재원 옮김, 서울: 그린비, 2016

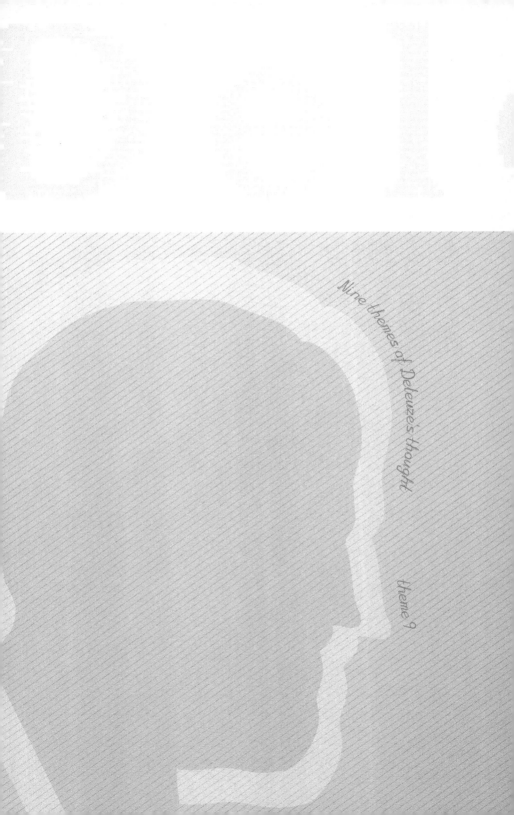

Nine themes of Deleuze's thought

theme 9

IX

철학은 주사위 놀이다!

– 들뢰즈와 푸코

1. 서론: 두 사람의 공통성

많은 사람들이 지적한대로 들뢰즈와 푸코는 니체에게 강한 영향을 받았다는 공통성이 있다. 그런데 이러한 표준적인 설명은 너무 헐거워서 어떤 구체적이고 새로운 논의도 진행시키지 못한다. 이 둘의 연관성을 니체의 '우연의 긍정' 혹은 '주사위 놀이'라는 개념을 통해 밝혀보자. [364]

푸코와 들뢰즈의 철학은 전통 철학에서 천대받는 것이자 이론의 발전을 통해 폐기되어야 할 쓰레기로 여겨졌던 '우연'을 긍정한다는 공통점이 있다. 그리고 이러한 '우연의 긍정'이라는 테마는 바로 니체로부터 온 것이다. 니체는 『차라투스트라는 이렇게 말했다』에서 우연을 무구한 '귀족'이라고 말하고 있으며, 『아침놀』에서는 이성이라는 난장이는 우연이라는 괴물에 깔려 죽는 신세라고 말하고 있다. 니체는 다음과 같이 쓰고 있다.

---

364) 니체의 '주사위 놀이'에 관해서는 김상범, 『철학은 주사위 놀이다』, 군산: 하움, 2022, 10쪽~14쪽과 김상범, 「들뢰즈의 이념적인 놀이」, 연세대학교 석사학위 논문, 2023, 2쪽~7쪽 참조

"우리 영리한 난쟁이들은 의지와 목적을 갖지만 우연이라는 … 어리석기 짝이 없는 거인들에게 괴롭힘을 당하고 거인들에게 부딪혀 쓰러지고 종종 짓밟혀 죽기도 한다."[365]

그리고 『아침놀』에는 그 유명한 "우연의 주사위 통을 흔드는 필연성의 저 철로 된 손이 무한한 시간에 걸쳐 주사위 놀이를 한다."[366]라는 문장이 나온다. 푸코는 역시 유명한 「니체, 계보학, 역사」라는 논문에서 바로 이 구절을 인용한다. 이를 통해 우리는 푸코의 '계보학'이 바로 이러한 '우연의 긍정'으로서의 주사위 놀이와 관련이 깊음을 알 수 있다.

2. 푸코의 고고학과 계보학

그런데 주사위 놀이를 '우연의 긍정'으로 보면 사실 고고학조차도 하나의 주사위 놀이다. 실제로 허경은 『지식의 고고학』에 대한 그의 저서에서 다음과 같이 쓰고 있다.

"지식의 고고학은 … 구조주의적 방법론의 적용이 아니라, 역사적

---

365) 프리드리히 니체, 『아침놀』, 박찬국 옮김, 서울: 책세상, 2011, 147쪽
366) 『아침놀』, 149쪽

지식의 영역에서 이루어지고 있는 토착적 변형 작용의 원리와 결과를 펼쳐 보이는 것이다. 물론 이때 푸코가 말하는 '토착성'이란 결코 초월적인 것이 아닌 것, 곧 '어떤 경우에도 상황 내재적인' 변형 작용의 원리를 말한다. 이러한 '토착적인' 변형 작용의 원리는 매시간, 공간마다 매번 다를 수밖에 없다. 지도와 달력에 종속된 상황 내적인 원리이다. 푸코는 이렇게 어떤 경우에도 초월적이지 않으며 상황 내적인 특성을 일반성이라 부른다. 이때 일반성은 결코 개별 상황, 곧 특수를 포괄 또는 초월하는 '보편성', 따라서 필연성을 가정하는 보편성이 아닌, 우연과 사건에 기초한 토착적 내재성을 지칭하는 푸코의 고유한 용법임을 기억해 두어야 한다."[367]

이렇게 푸코는 우연과 사건에 자신의 철학의 기반을 둔다. 실제로 푸코는 『지식의 고고학』에서 '언표에게 사건의 단일성'을 주어야 하며, 드러내 보여야 할 것은 '언표가 구성하는 이 절개'로서 미세한 사건의 출현(émergence)이라고 말하고 있다.[368] 이러한 '절개'로서 사건의 출현은 이러한 언표의 등장이 '우연적인 것'이자 불연속적인 것임을 함축하고 있다. 이러한 우연을 잘 드러내는 말이 바로 '분산(dispersion)'이다. 그런데 미셸 푸코는 다음과 같이 쓴다.

"… 우리의 분석은 분산의 체계를 기술하는 것이다."[369]

---

367) 허경, 『미셸 푸코의 지식의 고고학 읽기』, 서울: 세창미디어, 2016, 70쪽~71쪽
368) 미셸 푸코, 『지식의 고고학』, 이정우 옮김, 서울: 민음사, 2011, 55쪽
369) 『지식의 고고학』, 67쪽

이러한 '분산의 체계'란 담론적 형성의 규칙들인데, 이러한 담론적 형성의 규칙들은 언표들과 함께 "대상들, 언표행위의 양태들, 개념들, 테마적 선택들"[370]을 형성시키고 분산시킨다. 그리고 푸코는 동일한 담론적 형성의 규칙들을 공유하는 언표들의 집합을 '담론'이라고 부른다. 그뿐만 아니라 서로 다른 담론들을 관통하는 '언표들의 형성과 변환의 일반적인 체계'가 존재하며, 이것을 푸코는 문서고 (archive)라고 부른다. 이러한 문서고는 언표 가능한 것과 불가능한 것을 규정하는 체계이며, 이런 의미에서 푸코는 이를 "말해질 수 있는 것의 법칙"[371]이라고 부른다. '법칙'으로서의 문서고는 우리의 담론적 실천을 규정하는 상위의 심급의 역할을 하기에 문서고는 "언어의 바깥"[372]에 존재한다. 이런 의미에서 우리 자신의 고유한 문서고를 기술(記述)하는 것조차도 불가능하기에, "한 사회의, 한 문화의 또는 한 문명의 문서고를 충분히 기술하는 것"[373]은 불가능하다. 따라서 그것은 특수한 파편들로서, 특수한 수준들로서 우리에게 나타날 수밖에 없다.

말하자면 문서고는 우연을 생산해 내는 필연적 심급/체계이지만 우리의 기술에 의해 소진되지 않고, 영원회귀할 수밖에 없는 것이다. 이것은 들뢰즈가 말하는 '차이와 반복'과도 맞아 떨어진다. 푸코는 실제로 다음과 같이 쓰고 있다.

---

370) 『들뢰즈의 이념적인 놀이』, 17쪽
371) 『지식의 고고학』, 187쪽
372) 『지식의 고고학』, 189쪽
373) 『지식의 고고학』, 188쪽

"그것은 우리가 차이라는 것을, 우리의 이성은 담론들의 차이라는 것을, 우리의 역사들은 시간들의 차이라는 것을, 우리의 자아는 가면들의 차이라는 것을 수립하는 것이다. 차이란 잊혀진 그리고 복구된 시원적 존재가 아니라 우리들의 존재인 그리고 우리들의 행위인 이 분산(分散)이라는 것을."[374]

이러한 '우연'에 대한 논의는 『담론의 질서』에서도 드러난다. 우리가 『지식의 고고학』에서 중점적으로 본 것은 '차이, 사건, 우연, 분산'이다. 푸코는 "언어학적 요소들의 무제한한 조합체계에 관련하여"[375] 언표는 항상 그 수가 적다는 언표의 '희박성'의 메커니즘을 『담론의 질서』에서 탐구하고 있다. 즉 "예측 불가능한 사건[376]을 제압하며 무겁고 위험한 물질성을 회피하는 역할을 수행하는 일련의 절차들"을 탐구한다.[377] 이러한 '제압'의 과정은 일종의 '배제'의 과정이 있는데, 푸코는 이러한 과정에는 외부적 과정들과 내부적 과정들이 있다고 말한다. 그리고 특히 '내적 절차들'은 "사건과 우연(hasard)이라고 하는 담론의 또 다른 차원을 지배"[378]하기 위한 것이라고 푸코는 말한다.

1) 이러한 '내적 절차들' 중에는 주석(commentaire)이 있는데, 이러한

---

374) 『지식의 고고학』, 190쪽
375) 『지식의 고고학』, 173쪽
376) 언표라는 사건-필자 주
377) 미셸 푸코, 『담론의 질서』, 허경 옮김, 세창출판사, 2020, 31쪽
378) 『담론의 질서』, 35쪽

주석의 존재는 담론들 사이의 차등화가 있음을 함축한다. 즉 1차 텍스트와 2차 텍스트가 존재한다. 물론 이러한 위계는 1차 텍스트가 전승되는 과정에서 '뒤죽박죽이 되면서' 오히려 2차 텍스트로서의 주석이 우위를 차지하는 경우도 있지만, "주석의 지평에서 볼 때, 아마도 존재하는 것이란 … 단순한 암송뿐일 것이다."[379] 그리고 주석은 이러한 암송의 역할을 수행하면서 "담론의 우연을 내쫓아 버린다."[380] 이런 의미에서 주석은 "되풀이와 같음"[381], 즉 동일성의 반복을 통해 우연을 제한한다.

2) 담론을 희박화하는 두 번째 원칙에는 '저자의 원칙'이 있다. 저자는 담론 분류의 원칙, 의미 작용의 기원, 정합성의 근원이다. 저자라는 '기능'은 텍스트의 통일성을 보증하며, 텍스트들을 가로지르는 의미가 정체성(identité)을 가진 저자에 의해 드러나기를 원한다. 이런 의미에서 저자의 원칙은 담론의 우연을 "자아와 개별성의 형식을 갖는 동일성의 놀이에 의해 제안한다."[382]

3) 마지막 세 번째 원칙으로 푸코는 분과학문(disciplines)을 든다. 분과학문은 주석과는 달리 새로운 명제를 허용하지만, 저자의 원리와는 달리 '익명적 체계를 구축'한다. 그러나 진리인 새로운 명제를 말한다고 해서 그것이 모두 분과학문에 등록될 수 있는 것은 아니

379) 『담론의 질서』, 40쪽
380) 『담론의 질서』, 40쪽
381) 『담론의 질서』, 43쪽
382) 『담론의 질서』, 43쪽

다. 오히려 "특정 담론 '경찰'의 규칙들을 준수"[383]해야 한다. 예를 들어 멘델은 진리를 말했지만 생물학자들에게 멘델의 이론은 진지한 것으로 받아들여지지 않았는데, 그것은 멘델이 그 당시의 생물학적 담론적 형성의 규칙 '바깥'에 있었기 때문이다.

> "당시 생물학에서 개념과 대상을 형성하던 규칙은 멘델의 새로운 규칙과는 전혀 다른 것이었다. … 멘델의 명제가 (상당 부분) 정확한 것으로 드러나기 위해서는 전적으로 새로운 생물학적 대상 평면의 전개, 전적인 층위의 변화가 필요하다."[384]

이런 의미에서 분과학문은 담론적 형성의 규칙 바깥에 있는 야생적 외부성을 담론 '경찰'을 통해서 순치시킴을 통해 담론의 우연을 제한한다.

푸코는 이러한 주석, 저자, 분과학문을 넘어서서 우연과 사건, 그리고 이러한 사건에 의한 '파열'과 불연속성에 대한 긍정으로 나아가야 한다고 주장한다. 혹자는 아날 학파의 업적이 장기 지속을 발견해 낸 것이라고 말하지만 푸코는 아날 학파의 작업이 사건의 계열화와 관련이 있을 뿐 역사가 사건에 앞서 있다고 주장하는 것이 아니라고 말한다. 푸코는 다음과 같이 쓰고 있다.

---

383) 『담론의 질서』, 49쪽
384) 『담론의 질서』, 48쪽

"오늘날 수행되고 있는 바와 같은 역사는 사건을 피해 가지 않는다. 오히려 오늘의 역사는 사건의 영역을 끊임없이 확장한다. 오늘의 역사는, 표층에서든 심층에서든, 사건의 새로운 층위를 끊임없이 발견한다. … 역사는 사건의 '장소', 사건의 우발성(aléa)이 보여주는 여백, 그 출현의 조건을 추출할 수 있게 해주는, 때로 발산적이지만 자율적이지는 않은, 서로서로 중첩되는 다양한 계열들을 확립하고자 한다."[385]

'발산하는 계열들'은 역시 들뢰즈의 '이념적인 놀이'를 떠올리게 한다. 들뢰즈의 '이념적인 놀이'에서 특이성들의 발산하는 계열들은 우발점에 의한 자가 통일화를 통해 선험적인 장을 형성한다. 이런 의미에서 푸코/들뢰즈는 계열학적인 사유의 측면에서도 공통점이 있는 것이다. 그리고 푸코는 들뢰즈와 마찬가지로 사건을 비물체적인 것이자 물체적인 것의 분산(dispersion)의 효과라고 말한다. 푸코는 다음과 같이 쓰고 있다.

"사건은 물체적 분산 작용 안에서, 또한 그 효과로서, 생성되는 어떤 것이다. 사건의 철학은 어떤 비물체적인 것의 유물론이라는 일견 역설적 방향을 향해 나아간다고 말해 두자."[386]

---

385) 『담론의 질서』, 74쪽~75쪽
386) 『담론의 질서』, 76쪽~77쪽

그리고 담론적 사건들은 불연속적인 계열들을 이루는데, 이 불연속적인 계열들 사이의 관계는 하나의 '불연속적 체계성의 이론'을 이룬다. 그리고 이러한 체계는 인과론과 목적론을 배제한다. 즉 '사건 생산의 범주'로서 우연을 받아들여야 한다. 즉 '관념적 필연성의 연속적 펼쳐짐'은 우연의 긍정에 의해 산산히 쪼개진다. 이런 의미에서 푸코의 작업은 '우연의 긍정'으로서 주사위 놀이라고 말할 수 있다.

이러한 '우연의 긍정'으로서의 주사위 놀이는 「니체, 계보학, 역사」라는 논문에서 노골적으로 드러난다. 푸코는 계보학이 "우연들, 미세한 일탈들"[387]을 포착하는 작업이며, 고고학과 마찬가지로 계보학은 역사에 대한 점진적인 진보의 관념을 파괴하며, 우연한 사건들에 의한 파열과 불연속을 긍정하는 것이라고 말한다. 물론 이런 우연을 통제하려는 세력과 시도가 있지만 이러한 통제는 오히려 더 큰 우연을 불러올 수 있다. "우연을 장악하려는 모든 시도 속에서 혼란을 야기시키며, 훨씬 더 큰 우연이라는 위험을 발생시킨다."[388]

그리고 이러한 사건의 우연성은 사건의 '궁극적인 의미'를 불가능하게 하며, 이런 의미에서 "'기원'이나 '종말'과 같은 목적론적으로 가치가 부여된 낱말은 힘을 잃는다."[389] 이런 의미에서 계보학은 헤겔주의와 같은 목적론적 역사 해석을 거부한다. 계보학의 세계는 우연에 의

---

387) Michel Foucault, Nietzsche, la généalogie, l'histoire,《Hommage à Jean Hyppolite》, Paris: PUF, p.152
388) Nietzsche, la généalogie, l'histoire, p.161
389) 『들뢰즈의 이념적인 놀이』, 14쪽

해 형성된, "뒤얽혀 있는 수많은 사건들의 세계"[390]이다. 우연에 의해 세력이 형성되며, 우연에 의해 다른 세력과 관계를 맺는다. 그리고 이러한 '세력 관계'는 푸코에게 있어서 '권력'과 동의어이다. 이뿐만 아니라 모든 세력은 항상 다른 세력과의 관계 맺음 속에서, 즉 세력관계 속에서만 존재할 수 있다.

그리고 계보학에는 '기원'의 순수성은 없으며, 어떤 것의 '출현'은 "세력들 간의 연관 관계에 있어 한 특수한 단계를 통해 이루어진다."[391] 그리고 이러한 세력들 간의 연관 관계는 "우연적인 놀이"[392]에 의해 작동한다.

"'출현'은 힘들의 예측 불가능한 '드라마'의 펼쳐짐의 결과이다. 이 예측 불가능한 우연성은 힘들의 놀이의 장이 폐쇄적이지 않고 다수적인 힘들 사이의 간극이 존재하기에 존재한다."[393]

이러한 푸코의 사유는 『니체와 철학』에서 전개된 들뢰즈의 사유와 공통점이 있다. 들뢰즈는 『니체와 철학』에서 힘들의 다양성 혹은 차이와 그 관계적 성격에 대해 쓴 바 있다. 들뢰즈는 다음과 같이 쓴다.

"힘의 존재는 복수이다. … 여러 힘은 거리를 두고 영향을 주고받

---

390) Nietzsche, la généalogie, l'histoire, p.162
391) Nietzsche, la généalogie, l'histoire, p.155
392) Nietzsche, la généalogie, l'histoire, p.155
393) 『들뢰즈의 이념적인 놀이』, 15쪽

는데, 그 거리는 각각의 힘 속에 포함되어 있는 미분적 요소이며, 그 요소에 의해서 각각의 힘이 다른 힘과 관계를 맺는다."[394]

그리고 이러한 힘 관계의 형성은 근본적으로 '우연'이다. 들뢰즈에 의하면 관계 속에 들어가는 두 힘은 신체를 구성하는데, 이 신체는 힘들의 배경이나 환경이 아니며, 오히려 힘 관계 그 자체이다. 그리고 이렇게 힘들이 관계 맺음을 통해 신체를 구성하는 것은 하나의 우연이다. 들뢰즈는 다음과 같이 쓴다.

"모든 불균등한 두 힘은 그것들이 관계 속에 들어가자마자 하나의 신체를 구성한다. 그래서 신체는 항상 니체적 의미에서 우연의 산물이고, 가장 '놀라운' 것, 사실상 의지와 정신보다 훨씬 더 놀라운 것으로 보인다."[395]

다시 푸코로 돌아오면 푸코는 이런 의미에서 계보학이 '우연의 긍정' 으로서 주사위 놀이라고 말한다. 푸코는 "우연의 주사위 통을 흔드는 필연이라는 억센 손"[396]이라는 니체의 말을 인용한다.

---

394) 질 들뢰즈, 『니체와 철학』, 이경신 옮김, 서울: 민음사, 2008, 25쪽
395) 『니체와 철학』, 87쪽
396) 『들뢰즈의 이념적인 놀이』, 13쪽

3. 『푸코』: 이념적인 놀이 vs 마르코프의 체인

당연한 일이겠지만 들뢰즈의 『푸코』에서도 주사위 놀이는 중요한 위치를 차지하고 있다. 푸코에게 있어서 사유란 특이성들을 방사하는 것으로서 '주사위 던지기'이다. 이러한 특이점들을 결정하는 것은 힘들의 관계로서의 '권력'이자 다이어그램이다. 그리고 이러한 다이어그램은 추상적인 기계와 깊은 관련이 있다. 들뢰즈는 다음과 같이 쓴다.

> "하나의 다이어그램이란 도대체 무엇인가? … 권력을 구성하는 힘 관계의 표출이다. … 우리는 힘 관계 또는 권력 관계가 … 특이점 들을 결정하고 순수한 기능들을 구성하는 것임을 알고 있다."[397]

그리고 언표들은 특이성들을 잇고 계열화하는 곡선이다. 그리고 이 곡선은 "힘 관계를 실행시키고 현실화시킨다."[398] 이런 의미에서 타자기 자판 위의 A, Z, E, R, T 각각은 언표가 아니지만 이 타자기를 통해 종이에 AZERT가 출력된다면 그것은 언표이다. 왜냐하면, AZERT가 "손가락의 사용 편차와 빈도에 따라 불어 알파벳 문자들 사이에 존재하는 힘 관계"[399]를 현실화시킨 것이기 때문이다. 이런

---

397) 질 들뢰즈, 『푸코』, 허경 옮김, 서울: 그린비, 2019, 69쪽~70쪽
398) 『푸코』, 136쪽
399) 『푸코』, 30쪽

의미에서 언표는 "특이성들의 방사 작용을 재현"[400]한다.

그런데 이러한 주장은 푸코와 들뢰즈 사이의 균열을 감추고 있다. 언표가 힘 관계의 현실화라면 푸코의 말대로 사건이고자 한다면 '현실적 사건'이어야 할 것이다. 그런데 푸코는 『담론의 질서』에서 언표를 또한 비물체적인 사건으로 보고 있다. 그런데 들뢰즈에 의하면 비물체적 사건, 이념적인 사건은 잠재적인 것이지 현실적인 것이 아니다.

사실 이러한 균열은 두 사람의 '주사위 놀이'의 차이에서도 드러난다. 물론 두 사람의 주사위 놀이는 특이성들의 방사라는 점에서 일치하며 또한 사유한다는 것이 주사위 던지기라는 점에서 일치한다. 그리고 이러한 주사위 놀이가 의미하는 바가 우연의 긍정이라는 사실도 두 사람에게서 동일하게 나타난다. 게다가 이러한 우연성은 사유와 '바깥'의 만남을 의미한다는 사실도 두 사람에게서 동일하게 나타난다. 그럼에도 불구하고 푸코는 사회학자로서의 경험주의에서 벗어나지 못했기에, 그의 주사위 놀이 개념에서 직전의 경험은 주사위 놀이에 영향을 미친다. 들뢰즈는 이런 의미에서 푸코의 주사위 놀이 개념에 대해서 다음과 같이 쓴다.

"힘 관계는 오직 특이성들 및 특이점들의 방사(작용)에 의해서만 드러날 수 있다. 물론 이런 연계가 완전히 무작위적으로 이루어지는 것은 아니다. 이는 차라리 각각은 우연적으로 작동하지만, 항상 직전의 제비뽑기에 의해 결정되는 일련의 외재적 조건들에 의

---

400) 『푸코』, 17쪽

해 지배되는 연속적 제비뽑기라 할 수 있다. 다이어그램 또는 다이어그램적 상태는 마르코프의 체인(Markov Chain)처럼 언제나 불확실성과 종속성의 혼합이다."[401]

반면 들뢰즈의 '이념적인 놀이'에서는 각각의 던지기는 다른 던지기의 결과에 영향을 미치지 못한다. 이 '이념적인 놀이'는 물론 '현실적인 놀이'가 아니지만 잠재적인 리얼리티로서 선험적인 장을 구성한다. 이런 의미에서 잠재적인 것과 현실적인 것 사이의 비유사성을 강조하는 들뢰즈와 '역사적 아프리오리'와 같은 애매한 개념을 통해 사유하는 푸코 사이에는 큰 차이가 있다.

그럼에도 불구하고, 들뢰즈는 '바깥의 힘'과의 우연적 마주침을 긍정한다는 점에서 푸코의 주사위 놀이도 주사위 놀이라고 말할 수 있다고 주장한다. 들뢰즈는 다음과 같이 쓴다.

"'사유하기'는 형식을 갖지 않는 바깥에 관계된다. 사유하기는 지층화되지 않은 것에 도달하는 것이다. … 사유하기는 … 바깥에 속한다. 사유하기는 … 탁월한 내면성에 의존해 있는 것이 아니라, … 절단하는 바깥의 침입 아래에서 생겨나는 것이다. … 내면적인 것은 … 기원과 목표, 시작과 끝을 전제한다. 그러나 환경과 사이만이 존재할 때, 결코 일치하지 않는 환경을 향해 말과 사물이 열려 있을 때, 이는 바깥으로부터 오는 힘들, 오직 동요·혼합·수정·

401) 『푸코』, 146쪽~147쪽

변이의 상태로만 존재할 뿐인 힘들의 해방을 위한 것이다. 참으로 그것은 주사위 던지기인데, 이는 사유란 결국 주사위를 던지는 것이기 때문이다." [402]

이렇게 주사위를 던지는 사유로서 '바깥으로부터 오는' 사유는 "힘들의 관계, 즉 우연히 뽑혀진 특이성들 사이에 성립되는 관계를 표현"한다. [403] 이러한 힘 관계는 인간들 사이에서만 존재하는 것이 아니고 앞에서 말한 "손가락의 사용 편차와 빈도에 따라 불어 알파벳 문자들 사이에 존재하는 힘 관계" [404]도 포함된다.

들뢰즈는 푸코가 이러한 특이성들을 '권력의 특이성', '저항의 특이성', '야생적인 특이성'으로 구별짓는다고 본다. 권력의 특이성은 힘 관계를 재생산하고자 하는 특이성이고, 저항의 특이성은 힘 관계를 변이시키려는 특이성이며, 야생적인 특이성은 이러한 힘 관계에 아직 포획되지 않은 특이성이라고 말할 수 있다. 그리고 이 모든 특이성들은 '주사위 던지기'에 의해 방사된다. 또한 푸코에게 있어서 주사위를 던지는 것은 '결단(fiat)'이다. 그리고 들뢰즈의 주사위 놀이에 있어서도 "문제들은 어떤 자유로운 결정 능력, 어떤 결단" [405]과 분리될 수 없다.

---

402) 『푸코』, 148쪽~149쪽
403) 『푸코』, 198쪽
404) 『푸코』, 30쪽
405) 질 들뢰즈, 『차이와 반복』, 김상환 옮김, 서울: 민음사, 2011, 428쪽

4. 결론

　　　　이와 같은 푸코와 들뢰즈의 '주사위 놀이'는 어떤 의미를 가지고 있는가? 푸코에게 있어서나 들뢰즈에게 있어서나 사유한다는 것, 철학한다는 것은 주사위를 던지는 것이다. 비록 이 두 사람의 이론 사이에 균열이 없는 것은 아니지만 큰 틀에서 보면 우연, 사건, 차이의 긍정으로서 주사위 놀이를 사유의 조건으로서 받아들인다는 점에서 이 둘은 공통된다. 특히 푸코의 경우 서로 다른 시기에 쓰인『지식의 고고학』,『담론의 질서』,「니체, 계보학, 역사」에서 이와 같은 '우연의 긍정'으로서 주사위 놀이가 발견된다는 것을 우리는 확인했다.

　나가기 전에 나는 앞에서 말한 푸코의 권력의 특이성, 저항의 특이성, 야생적 특이성 중에서 나는 저항의 특이성에 주목하고 싶다. 야생적 특이성은 힘 관계의 바깥에 있기에 힘 관계라는 리얼리티를 바꾸지 못하고 권력의 특이성은 힘 관계를 재생산하는 반면에 저항의 특이성은 힘 관계를 바꿀 수 있기 때문이다. 이런 의미에서 푸코와 들뢰즈의 '저항이 권력에 선행한다'는 주장은 우리에게 위로가 된다.

　물론 힘 관계의 변화는 우연을 긍정하고 주사위를 던지는 '결단'을 하는 우리의 손에 달려있는 것이다. 사유는, 철학은 주사위 놀이다!

참고 문헌

김상범, 『철학은 주사위 놀이다』, 군산: 하움, 2022, 10쪽~14쪽

김상범, 『들뢰즈의 이념적인 놀이』, 연세대학교 석사학위 논문, 2023

미셸 푸코, 『담론의 질서』, 허경 옮김, 세창출판사, 2020

미셸 푸코, 『지식의 고고학』, 이정우 옮김, 서울: 민음사, 2011

질 들뢰즈, 『니체와 철학』, 이경신 옮김, 서울: 민음사, 2008

질 들뢰즈, 『차이와 반복』, 김상환 옮김, 서울: 민음사, 2011

질 들뢰즈, 『푸코』, 허경 옮김, 서울: 그린비, 2019

프리드리히 니체, 『아침놀』, 박찬국 옮김, 서울: 책세상, 2011

허경, 『미셸 푸코의 지식의 고고학 읽기』, 서울: 세창미디어, 2016

Michel Foucault, Nietzsche, la généalogie, l'histoire,《Hommage à
Jean Hyppolite》, Paris: PUF